CADERNO DE REVISÃO

ENSINO MÉDIO
GEOGRAFIA

Levon Boligian

Licenciado em Geografia pela Universidade Estadual de Londrina (UEL). Professor de Ensino Médio do Instituto Federal Catarinense (IFC). Doutor em Ensino de Geografia pela Universidade Estadual Paulista (Unesp). Professor de Metodologia do Ensino de Geografia no Ensino Superior. Assessor educacional na rede particular de ensino. Autor de livros didáticos para o Ensino Fundamental e Ensino Médio.

Andressa Turcatel Alves Boligian

Licenciada em Geografia pela Universidade Estadual de Londrina (UEL). Mestre em Geografia pela Universidade Estadual Paulista (Unesp). Arte-educadora licenciada em Artes Visuais pela Universidade Estadual de Londrina (UEL). Professora de Geografia e de Artes Visuais no Ensino Fundamental e na formação continuada de professores do Ensino Básico. Assessora educacional na rede particular de ensino. Autora de livros didáticos para o Ensino Fundamental e Ensino Médio.

1ª edição
São Paulo – 2016

© Editora do Brasil S.A., 2016
Todos os direitos reservados

Direção geral: Vicente Tortamano Avanso
Direção adjunta: Maria Lúcia Kerr Cavalcante Queiroz

Direção editorial: Cibele Mendes Curto Santos
Gerência editorial: Felipe Ramos Poletti
Supervisão editorial: Erika Caldin
Supervisão de arte, editoração e produção digital: Adelaide Carolina Cerutti
Supervisão de direitos autorais: Marilisa Bertolone Mendes
Supervisão de controle de processos editoriais: Marta Dias Portero
Supervisão de revisão: Dora Helena Feres
Consultoria de iconografia: Tempo Composto Col. de Dados Ltda.
Licenciamentos de textos: Cinthya Utiyama, Jennifer Xavier, Paula Harue Tozaki, Renata Garbellini
Coordenação de produção CPE: Leila P. Jungstedt

Concepção, desenvolvimento e produção: Triolet Editorial e Mídias Digitais
Diretora executiva: Angélica Pizzutto Pozzani
Diretor de operações e produção: João Gameiro
Gerente editorial: Denise Pizzutto
Editor de texto: Frank Oliveira
Assistente editorial: Tatiana Pedroso
Preparação e revisão: Amanda Andrade, Carol Gama, Érika Finati, Flávia Venezio, Flávio Frasqueti, Gabriela Damico, Juliana Simões, Leandra Trindade, Mayra Terin, Patrícia Rocco, Regina Elisabete Barbosa, Sirlei Pinochia
Projeto gráfico: Triolet Editorial/Arte
Editora de arte: Paula Belluomini
Assistentes de arte: Beatriz Landiosi (estag.), Lucas Boniceli (estag.)
Ilustradores: Allmaps, Daniel das Neves, Suryara Bernardi
Cartografia: Allmaps
Iconografia: Pamela Rosa (coord.), Clarice França, Erika Freitas, Vanessa Volk
Tratamento de imagens: Renato Belluomini
Capa: Paula Belluomini

Dados Internacionais de Catalogação na Publicação (CIP)
(Câmara Brasileira do Livro, SP, Brasil)

Boligian, Levon
　Caderno de revisão, 3º ano : geografia espaço e identidade : ensino médio / Levon Boligian, Andressa Turcatel Alves Boligian. – 1. ed. – São Paulo : Editora do Brasil, 2016. – (Série Brasil : ensino médio)

　Componente curricular: Geografia
　ISBN 978-85-10-06435-4 (aluno)
　ISBN 978-85-10-06436-1 (professor)

　1. Geografia (Ensino médio) I. Boligian, Andressa Turcatel Alves. II. Título. III. Série.

16-05995　　　　　　　　　　　　　　　　　CDD-910.712

Índice para catálogo sistemático:
1. Geografia : Ensino médio　　910.712

Reprodução proibida. Art. 184 do Código Penal e Lei n. 9.610, de 19 de fevereiro de 1998.
Todos os direitos reservados.

2016
Impresso no Brasil

1ª edição / 1ª impressão, 2016
Impresso na Arvato Bertelsmann

Rua Conselheiro Nébias, 887 – São Paulo/SP – CEP 01203-001
Fone: (11) 3226-0211 – Fax: (11) 3222-5583
www.editoradobrasil.com.br

APRESENTAÇÃO

Caros alunos,

O presente caderno visa possibilitar a aplicação dos conhecimentos tratados na coleção **Geografia Espaço e identidade** por meio da apresentação, interpretação e resolução de questões selecionadas criteriosamente entre as principais provas de vestibular e Enem no Brasil.

A organização proposta considera as temáticas mais recorrentes nos exames de Geografia. A disposição dos quinze temas abrange ramos diferentes como a epistemologia geográfica, geopolítica, geografia ambiental, física, humana, regional, agrária, urbana e econômica.

Para cada tema, são destacadas as informações mais pertinentes que devem ser trabalhadas e também apresentadas dicas valiosas que auxiliam e orientam a organização do estudo. Daí a importância desse material como complementar ao livro didático (volume único), uma vez que ele funciona como um tipo de manual prático, voltado especificamente aos exames de proficiência. Em cada capítulo, uma questão de Enem está solucionada e interpretada minuciosamente. Além dela, outras questões de modelos variados são apresentadas, compondo um leque de oportunidade de treinamento e qualificação ao estudante.

O objetivo é que os alunos que se empenharem na leitura atenta das informações e orientações sobre cada temática e na tentativa criteriosa e dedicada de resolução das questões apresentadas estejam, ao fim do estudo, melhor preparados para enfrentar as principais provas de vestibular e também o Enem. Bom proveito!

Os autores

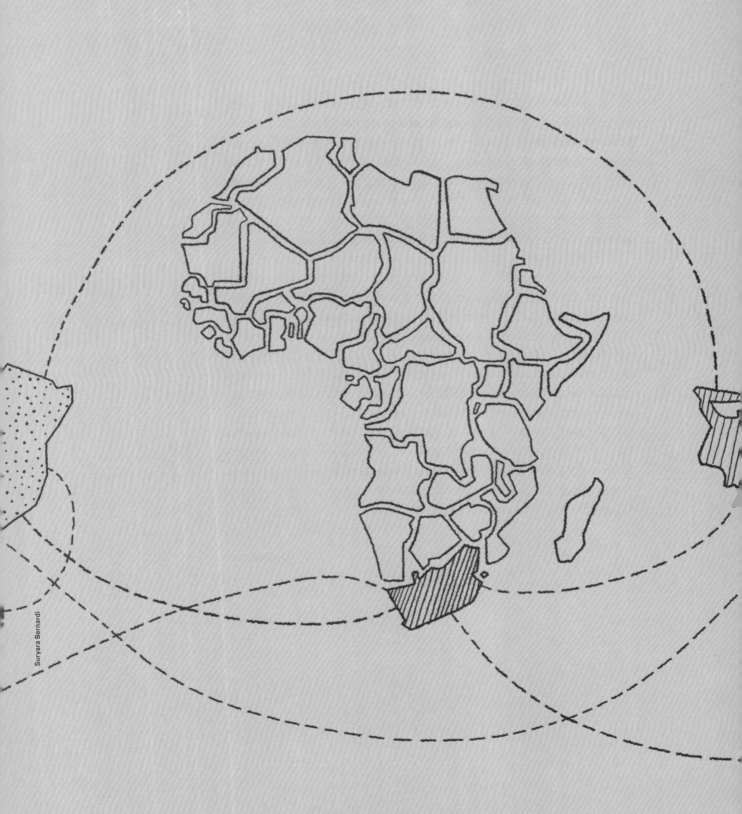

Sumário

Tema 1 Epistemologia – a Ciência Geográfica 6
Tema 2 Orientação e cartografia 11
Tema 3 Dinâmicas terrestres – biosfera e atmosfera 15
Tema 4 Dinâmicas terrestres – hidrosfera e litosfera 21
Tema 5 Urbanização 26
Tema 6 Contrastes sociais 31
Tema 7 Demografia 35
Tema 8 Geografia agrária 40
Tema 9 Geografia ambiental 45
Tema 10 Geografia econômica e mundo do trabalho 51
Tema 11 Geopolítica 55
Tema 12 Globalização 59
Tema 13 Movimentos migratórios 64
Tema 14 Recursos hídricos 69
Tema 15 Transportes e comércio 73
Gabarito 77

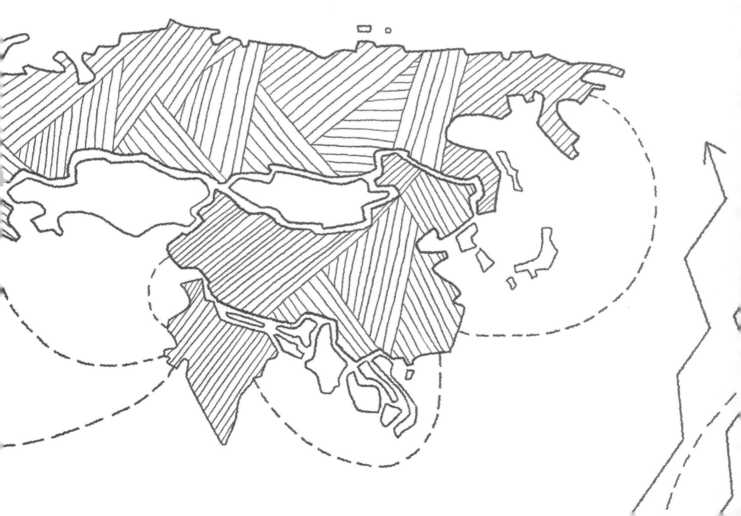

TEMA 1

EPISTEMOLOGIA – A CIÊNCIA GEOGRÁFICA

A Terra vista do espaço.

O que você vê na foto acima? É possível conhecer o planeta sem considerar as ações humanas sobre ele? É possível analisar seu estado atual desconsiderando as transformações que ele já sofreu? É possível compreender as formas de vida que o habitam sem perceber suas dinâmicas naturais?

A ciência geográfica oferece ao aluno a oportunidade de compreender melhor sua existência na Terra de forma diferenciada, qualificando o olhar lançado sobre imagens emblemáticas, como a apresentada acima, entre tantas outras. É uma tarefa preliminar reconhecer o objeto primordial de estudo da Geografia – o **espaço geográfico** –, bem como as prerrogativas e conceituações fundamentais dessa ciência. É disso que trata a epistemologia geográfica, ou seja, a concepção das delimitações de sua área de conhecimento, a Geografia, dos métodos de investigação científica dessa área e de sua evolução histórica como ciência e das diferentes conexões que ela estabelece com outras ciências. Além disso, o capítulo a que se referem as questões colocadas neste tópico também aborda a inserção profissional do geógrafo na sociedade, seu campo de conhecimento e suas áreas de atuação.

Principais conteúdos relacionados

Capítulo 1	Geografia: ciência do espaço
Capítulo 5	Os mapas e a linguagem cartográfica
Capítulo 6	O tempo da natureza e as marcas nas paisagens
Capítulo 10	As mudanças climáticas e as paisagens geográficas
Capítulo 15	A natureza, o trabalho e a atividade industrial
Capítulo 23	Brasil: organização do território
Capítulo 31	A regionalização do espaço geográfico mundial
Capítulo 32	Capitalismo, espaço geográfico e globalização

Como esse tema costuma aparecer no Enem e nos principais vestibulares?

Questões sobre a epistemologia da Geografia são pouco comuns nas provas do Enem, embora tenham surgido com mais frequência nos últimos anos, nas provas específicas de vestibulares país afora. De maneira geral, essas questões exigem conhecimentos acerca da conceituação fundamental da ciência: a diferenciação entre conceitos como paisagem, lugar, território e espaço geográfico. A exigência costuma ocorrer de forma aplicada. A dinâmica de relações entre os espaços local, regional e mundial, e entre os tempos presente e passado – que tornam a Geografia uma ciência tão complexa – também deve ser exercitada sempre como método. No que se refere às questões do Enem, estas têm abordado a evolução do pensamento geográfico e as diversas correntes ou subdivisões da Geografia, ou o campo de atuação profissional dos geógrafos.

Exemplo comentado de questão

(Enem – 2012)

Portadora de memória, a paisagem ajuda a construir os sentimentos de pertencimento; ela cria uma atmosfera que convém aos momentos fortes da vida, às festas, às comemorações..

CLAVAL, P. *Terra dos homens*: a geografia. São Paulo: Contexto, 2010 (adaptado).

No texto, é apresentada uma forma de integração da paisagem geográfica com a vida social. Nesse sentido, a paisagem, além de existir como forma concreta, apresenta uma dimensão:

a. política, de apropriação efetiva do espaço.

b. econômica, de uso de recursos do espaço.

c. privada, de limitação sobre a utilização do espaço.

d. natural, de composição por elementos físicos do espaço.

e. simbólica, de relação subjetiva do indivíduo com o espaço.

Comentário: Essa é uma questão de nível bastante acessível para quem domina os conceitos fundamentais da Geografia. Nos vestibulares, a tendência é de maior incidência de questões que exijam os conceitos de paisagem e território, comumente como esta, em que o tema aparece de forma aplicada numa situação cotidiana. Mesmo para quem não possui muita segurança em relação a esse tema, a leitura atenta do texto apresentado como suporte permite a resolução da questão com alguma tranquilidade.

Gabarito: E.

Justificativa: O conceito de paisagem remete àquilo que o olhar ou a memória do indivíduo pode captar, envolvendo obviamente um caráter simbólico e subjetivo na relação do observador com o espaço observado ou recordado. Está correta a alternativa **e**. As alternativas **a** e **b** estão incorretas, pois o texto apresentado como suporte não destaca aspectos políticos ou econômicos na relação entre o indivíduo e o espaço, mas sim a subjetividade na identificação do espaço e no sentimento de pertencimento, provocados pela observação ou pela lembrança. A alternativa **c** está incorreta, pois a subjetividade da memória e da imaginação durante a observação confere à paisagem um caráter ilimitado, e não limitado. Finalmente, a alternativa **d** está incorreta, pois o texto apresentado como suporte salienta como as memórias – que não correspondem a elementos físicos do espaço – também podem compor a paisagem.

Epistemologia – A Ciência Geográfica **Tema 1**

▶ Outras questões para você praticar

1. (Enem – 2003)

Documento I

> O cômputo da Idade da Terra
> Da Criação até o Dilúvio ___ 1.656 anos
> Do Dilúvio até Abraão ____ 292
> Do Nascimento de Abraão
> até o Êxodo do Egito ____ 503
> Do Êxodo até a Construção
> do Templo _____ 481
> Do Templo até o Cativeiro __ 414
> Do Cativeiro até o Nascimento
> de Jesus Cristo _____ 614
> Do Nascimento de Jesus Cristo
> até hoje _____ 1.560
> Idade da Terra _____ 5.520 anos

Documento II

> Avalia-se em cerca de quatro e meio bilhões de anos a idade da Terra, pela comparação entre a abundância relativa de diferentes isótopos de urânio com suas diferentes meias-vidas radiativas.

Considerando os dois documentos, podemos afirmar que a natureza do pensamento que permite a datação da Terra é de natureza:

a. científica no primeiro e mágica no segundo.

b. social no primeiro e política no segundo.

c. religiosa no primeiro e científica no segundo.

d. religiosa no primeiro e econômica no segundo.

e. matemática no primeiro e algébrica no segundo.

2. (UPE – 2013) Considere o texto a seguir:

O espaço geográfico, ao contrário do espaço natural, é um produto da ação do homem. O homem, sendo um animal social, naturalmente atua em conjunto, em grupo, daí ser o espaço geográfico eminentemente social. [...] A ação do homem não ocorre de forma uniforme no espaço e no tempo. Ela se faz de forma mais intensa em determinados momentos e nas áreas onde se pode empregar uma tecnologia mais avançada ou em que se dispõe de capitais mais do que naquelas em que se dispõe de menores recursos e conhecimentos. Daí a necessidade de uma visão do processo histórico, levando-se em conta tanto o processo evolutivo linear como os desafios que se contrapõem a este processo e que barram ou desviam da linha por ele seguida. Para melhor compreender o processo de produção do espaço geográfico, é indispensável a utilização de conceitos hoje largamente aceitos nas ciências sociais, como os de modo de produção e de formação econômico-sociais. Ao analisarmos a evolução da humanidade e da conquista da natureza pelo homem, temos que admitir que esse começou a produzir o espaço geográfico na ocasião em que pôde abandonar as atividades de caça, pesca e coleta como principais e passou a realizar trabalhos agrícolas e de criação de animais. Claro que a passagem foi feita lentamente e que o homem, transformado em agricultor e criador de animais, continuou a caçar e a pescar, como o faz até os dias atuais, mas essas atividades, antes exclusivas, tornaram-se complementares.

> ANDRADE, Manuel Correia de. *Geografia Econômica.* São Paulo: Atlas, 1987. (adaptado)

É CORRETO afirmar que o autor, no texto que você acabou de ler:

a. opõe-se à posição filosófica assumida pelos geógrafos que defendem a Geografia Crítica.

b. estabelece os mais importantes princípios que norteiam o Determinismo Geográfico, uma das correntes fundamentais da Geografia Clássica que explica a produção do espaço geográfico.

c. defende que o espaço natural, por suas características particulares, assemelha-se ao espaço social e que deve ser estudado pela História e pela Geografia.

d. advoga que a produção do espaço geográfico é uma função dos níveis técnico e econômico em que se encontra a sociedade.

e. propõe que, para o equilíbrio do Sistema Terra, é necessário os seres humanos retornarem às atividades extrativas, especialmente a caça e a pesca, e também à agricultura tradicional.

3. (UEPB – 2011) De acordo com a composição "Triste Partida", de Patativa do Assaré, nas estrofes que dizem:

> No topo da serra
> Oiando pra terra
> Seu berço, seu lar
> [...]

Aquele nortista
Partido de pena
De longe acena
Adeus meu lugar...

a categoria geográfica "lugar" que aparece no fragmento do texto está empregada:

a. com o sentido de paisagem, pois é do topo da serra que o retirante delimita visualmente o que ele denomina como o seu lugar.
b. erroneamente, porque ninguém pode ter o sentimento de identidade e de pertencimento a uma terra inóspita que só lhe causa sofrimento. O lugar é para cada pessoa o espaço onde consegue se reproduzir economicamente.
c. com o sentido de território, pois trata-se de um espaço apropriado pelo fazendeiro, o qual exerce sobre o mesmo uma relação de poder.
d. corretamente, porque está impregnada de emoções e de afetividade. Há uma identidade de pertencimento para com esta parcela do espaço.
e. com conotação de região natural, pois trata-se do Sertão nordestino de abrangência do clima semiárido de chuvas escassas e irregulares e da presença da vegetação de caatinga.

4. (UFPI – 2008) Para o geógrafo Milton Santos paisagem é "o domínio do visível, aquilo que a vista abarca. Não é formada apenas por volumes, mas também de cores, movimentos, odores, sons [...]. A dimensão da paisagem é a dimensão da percepção, o que chega aos sentidos". (*Metamorfose do Espaço Habitado*. São Paulo: Hucitec, 1996, p. 61-62.)

Considerando essa afirmação, analise as sentenças a seguir:

I. A simples observação da paisagem não nos traz explicações sobre as funções das edificações, da organização dos sistemas de produção e de tecnologias empregadas.
II. Apenas os elementos naturais são suficientes para entendermos o espaço geográfico, visível através das paisagens.
III. Ao considerarmos os elementos naturais, as funções dos espaços construídos, as relações e as estruturas econômicas, sociais e políticas, estamos tratando do espaço geográfico e não apenas das paisagens.
IV. As paisagens geográficas envolvem não somente os aspectos naturais, mas também os aspectos visíveis da cultura das sociedades.

Está correto apenas o que se afirma em:

a. I e II
b. II e III
c. II e IV
d. I, II e IV
e. I, III e IV

5. (ESPM – 2008) O patrimônio cultural brasileiro é dos mais variados e apresenta íntima relação com o espaço geográfico. [...] abaixo temos dois momentos da arquitetura brasileira que remetem a esta reflexão.

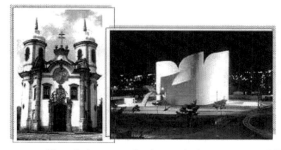

Disponível em: www.vitruvius.com.br. Acesso em: maio 2008.

Sobre isso, podemos afirmar:

a. A paisagem é um conceito geográfico caracterizado pela combinação do território com a cultura, como comprova a arte gótica exposta nas duas imagens.
b. A produção do espaço é uma ação exclusivamente antrópica em que o meio físico não apresenta relevância em sua construção.
c. O espaço é uma acumulação desigual de tempos, como pode ser observado nas arquiteturas barroca e moderna, expostas nas imagens.
d. O espaço é estático, a cultura dinâmica e o papel da geografia é fazer a descrição do momento presente, como ocorre nas imagens do século XX, expostas acima.
e. A globalização impôs tal padronização cultural aos lugares que extinguiu a preservação da arquitetura histórica, legando ao território uma convivência exclusiva com a arte contemporânea.

6. (UFBA – 2009) Durante a guerra fria, os laboratórios do Pentágono chegaram a cogitar a produção de um engenho, a bomba de nêutrons, capaz de aniquilar a vida humana em uma dada área, mas preservando todas as construções. O Presidente Kennedy afinal renunciou a levar a cabo esse projeto. Senão, o que na véspera seria ainda o **espaço**, após a temida explosão seria apenas **paisagem**. Não temos melhor imagem para mostrar a diferença entre esses dois conceitos. (SANTOS, 1996, p. 85.)

Salvador - Bahia

Ontem

Hoje

Com base na leitura do texto e na observação das ilustrações, conceitue

a. paisagem; _____
_____
_____

b. espaço geográfico; _____
_____
_____

c. tempo histórico; _____
_____
_____

d. tempo geológico. _____
_____
_____

7. (Unesp-SP – 2012) Observe as figuras.

Passado

Presente

(Analúcia Giometti et al. (Orgs.). *Pedagogia cidadã – ensino de Geografia*, 2006. Adaptado.)

Faça uma análise espaço-temporal das paisagens, identificando quatro transformações feitas pelo homem.

_____
_____
_____
_____
_____
_____

TEMA 2
ORIENTAÇÃO E CARTOGRAFIA

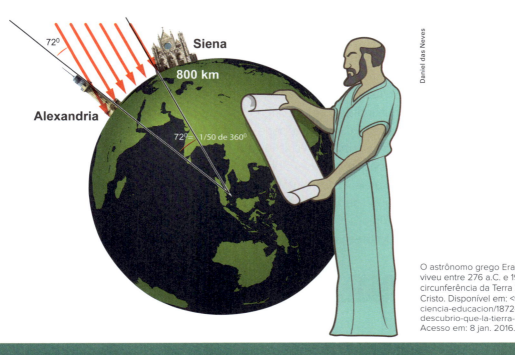

O astrônomo grego Eratóstenes, que viveu entre 276 a.C. e 194 a.C., calculou a circunferência da Terra 200 anos antes de Cristo. Disponível em: <www.taringa.net/posts/ciencia-educacion/18724671/Quien-descubrio-que-la-tierra-era-redonda.html>. Acesso em: 8 jan. 2016.

O incrível exemplo de Eratóstenes ilustra a capacidade humana de, pelo raciocínio, desvendar o mundo em que vivemos. De que vale a observação geográfica se não houver domínio dos referenciais de orientação e localização? Como transmitir esse conhecimento e compreender a distribuição dos diferentes espaços geográficos sem lançar mão da cartografia?

Em uma ciência tão ampla e complexa como a Geografia, é difícil hierarquizar os múltiplos ramos do conhecimento geográfico. No entanto, pode-se dizer que um dos atributos mais associados à Geografia é a capacidade de localização espacial, seja por meio da orientação, seja pela interpretação de mapas. De fato, durante todo o Ensino Básico, são recorrentes o trabalho e a exigência para que os alunos se capacitem nessas habilidades e transitem com tranquilidade por esses conteúdos. Afinal, não é pelo fato de a Geografia, como ciência, ser muito mais abrangente do que a aplicação correta dos princípios da orientação e cartografia que esses elementos deixam de ser essenciais no desenvolvimento do raciocínio geográfico. Para isso, além de interpretar os mapas e distinguir entre diferentes projeções cartográficas, é preciso compreender de forma adequada o sistema de coordenadas geográficas e ser capaz de aplicar esses conhecimentos no dia a dia, na localização espacial ou mesmo na análise sobre o sistema de fusos horários, adotado internacionalmente. Nesse sentido, esse ramo da Geografia, tal como foi demonstrado na Antiguidade por Eratóstenes, tem forte relação com o raciocínio matemático, criando boas possibilidades de estudo multidisciplinar.

Principais conteúdos relacionados

Capítulo 1	Geografia: ciência do espaço
Capítulo 2	Os movimentos do planeta Terra
Capítulo 3	A Terra: orientação, localização e coordenadas geográficas
Capítulo 4	A história dos mapas e as novas tecnologias
Capítulo 5	Os mapas e a linguagem cartográfica

▶ Como esse tema costuma aparecer no Enem e nos principais vestibulares?

Mais do que perguntas objetivas e diretas sobre os diferentes aspectos e modalidades ligados a esse conteúdo, costumam ser priorizadas questões que envolvem a interpretação, especialmente no Enem. Mesmo em questões mais técnicas, como as de fuso horário, mais do que o cálculo em si, as alternativas exploram a capacidade de raciocínio lógico pelo uso de princípios fundamentais da orientação. Estes também são exigidos, sempre de forma interpretativa, em questões que envolvem o dia a dia das pessoas, como na escolha de rotas para determinado destino ou na interpretação de informações de sistemas como o GPS. Uma boa dica é utilizar a lógica para eliminar distratores, recorrendo apenas posteriormente – se for necessário – aos cálculos. Quanto à Cartografia, pode-se dizer que as questões que investem em aspectos específicos desse tema não estão entre as mais frequentes. No entanto, a interpretação cartográfica é recorrentemente explorada nas provas: nos vestibulares e no Enem, sempre há um número expressivo de questões que exigem a interpretação de mapas sobre temas variados, prejudicando decisivamente o desempenho de quem não domina os fundamentos básicos da Cartografia. Como já foi dito, o estudo com mapas é pré-requisito básico para quem busca compreender a Geografia, e os exames costumam valorizar muito esse aspecto.

Exemplo comentado de questão

(Enem – 2004)

Um leitor encontra o anúncio abaixo entre os classificados de um jornal:

VILA DAS FLORES
Vende-se terreno plano medindo 200 m². Frente voltada para o sol no período da manhã.
Fácil acesso.
(443)0677-032

Interessado no terreno, o leitor vai ao endereço indicado e, lá chegando, observa um painel com a planta abaixo, onde estão destacados os terrenos ainda não vendidos, numerados de I a V:

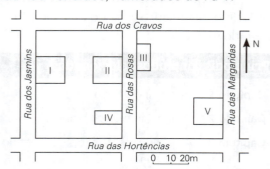

Considerando as informações do jornal, é possível afirmar que o terreno anunciado é o:

a. I.   b. II.   c. III.   d. IV.   e. V.

Comentário: Modelo interessante de questão, que exige a aplicação de fundamentos básicos de orientação e interpretação de uma representação espacial (no caso, uma planta). É preciso ficar atento às pistas fornecidas no texto apresentado como suporte – nesse caso, especialmente a área e a orientação da parte frontal do terreno – e ler corretamente a representação gráfica, observando a escala adotada e a orientação fornecida pela seta que indica o norte.

Gabarito: D.

Justificativa: Considerando que o Sol nasce no leste, cuja direção pode ser confirmada por meio da indicação do norte na planta apresentada no suporte, os terrenos indicados com os algarismos I e III já não poderiam ser o que está descrito no anúncio, pois a frente deles está voltada para oeste. Dos três terrenos restantes, todos com frente para leste, apenas um deles – o que está representado com o algarismo IV – apresenta área de 200 m², o que pode ser facilmente verificado utilizando-se a escala incluída na planta. Os outros dois terrenos (algarismos II e V) possuem o dobro da área: 400 m² cada. Está correta, portanto, a alternativa **d**.

Outras questões para você praticar

1. (Enem – 2015)

    O Projeto Nova Cartografia Social da Amazônia ensina indígenas, quilombolas e outros grupos tradicionais a empregar o GPS e técnicas modernas de georreferenciamento para produzir mapas artesanais, mas bastante precisos, de suas próprias terras.

    LOPES, R.J. O novo mapa da floresta. *Folha de S.Paulo*, 7 maio 2011 (adaptado).

    A existência de um projeto como o apresentado no texto indica a importância da cartografia como elemento promotor da:

    a. expansão da fronteira agrícola.
    b. remoção de populações nativas.
    c. superação da condição de pobreza.
    d. valorização de identidades coletivas.
    e. implantação de modernos projetos agroindustriais.

2. (Urca-CE – 2014) Sobre as coordenadas geográficas, assinale o que for correto.

    a. A linha do Equador, sendo o paralelo inicial de 0°, tem o seu oposto em 90°, o qual define a Linha Internacional da Data, que, em alguns pontos, avança para oeste ou para leste para incluir alguns lugares na mesma data que outros.
    b. A linha do Equador e o meridiano de Greenwich definem, respectivamente, a divisão da terra em hemisférios meridional e setentrional e em hemisférios norte e sul.
    c. Os paralelos localizados a 66° 33'N e S definem, respectivamente, os trópicos de Capricórnio e de Câncer.
    d. Os meridianos definem os fusos horários do mundo, sendo que o meridiano de 45°W é o meridiano central do fuso horário que define a hora oficial de Brasília, que é a mesma do Ceará.
    e. Os paralelos localizados a 23° 27'N e S definem, respectivamente, os círculos polares Ártico e Antártico.

3. (PUC-RJ – 2014)

    Bandeira da Organização das Nações Unidas (ONU). Disponível em: <http://coati.org.br>. Acesso em: 12 set. 2013.

    A bandeira da ONU (1947), nas cores azul e branco, simboliza a união dos povos do mundo através dos seus continentes (com a exceção da Antártida), emoldurada por ramos de oliveira, que representam a paz. A projeção cartográfica selecionada para a representação do globo terrestre nessa bandeira é:

    a. cilíndrica.
    b. cônica.
    c. azimutal-plana.
    d. senoidal.
    e. cilíndrica-conforme.

4. (PUC-PR – 2013) A Copa do Mundo de Futebol de 2014 atrairá, para o Brasil, os olhares de milhões de pessoas. Curitiba sediará alguns

jogos desse torneio. Um desses jogos está marcado para o dia 23 de junho às 13 horas. Assinale a alternativa que indica o horário em que um telespectador que se encontra em Nova York, localizada no fuso de 75° W, e outro que se encontra em Paris, localizada no fuso 15° E, assistirão a esse jogo, respectivamente. Considere os seguintes fatos:

- Nova York e Paris adotam o horário de verão.
- Curitiba situa-se no fuso oficial de Brasília (45° W)

a. 11 horas – 14 horas.
b. 10 horas – 15 horas.
c. 10 horas – 17 horas.
d. 12 horas – 18 horas.
e. 11 horas – 16 horas.

5. (Fuvest-SP – 2010)

Sempre deixamos marcas no meio ambiente. Para medir essas marcas, William Rees propôs um(a) indicador/estimativa chamado(a) de "Pegada Ecológica". Segundo a Organização WWF, *esse índice calcula a superfície exigida para sustentar um gênero de vida específico. Mostra até que ponto a nossa forma de viver está de acordo com a capacidade do planeta de oferecer e renovar seus recursos naturais e também de absorver os resíduos que geramos.* Assim, por exemplo, países de alto consumo e grande produção de lixo, bem como países mais industrializados e com alta emissão de CO^2, apresentam maior Pegada Ecológica.

Disponível em: www.wwf.org.br.
Acesso em: 17 ago. 2009. Adaptado.

Assinale a anamorfose que melhor representa a atual Pegada Ecológica dos diferentes países.

Nota – Considere apenas os tamanhos e as deformações dos países, que são proporcionais à informação representada.

Fontes: www.worldmapper.org. Acesso em: 17 ago. 2009.
Le Monde Diplomatique, 2009.

a.
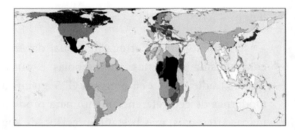

b.
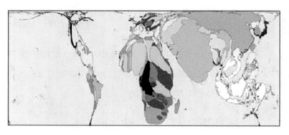

c.
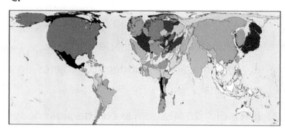

d.
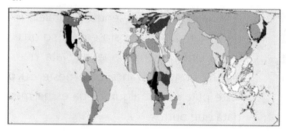

e.
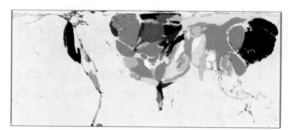

TEMA 3
DINÂMICAS TERRESTRES – BIOSFERA E ATMOSFERA

Vista do Parque de Exposições Assis Brasil, em Esteio (RS), alagado devido à chuva torrencial. Com a cheia dos arroios que passam perto do local, áreas foram inundadas. Foto de 2015.

Todos os anos, enquanto diferentes partes do Brasil e do mundo enfrentam inundações provocadas pelo excesso de chuvas, como o Rio Grande do Sul, por exemplo, em 2015, outras sofrem com a seca. Até que ponto nosso conhecimento sobre a atmosfera terrestre nos possibilita prever essas situações? Como a vida do planeta se adapta a tanta heterogeneidade?

Um dos tópicos mais importantes da investigação na Geografia Física é a dinâmica atmosférica e como ela determina o surgimento dos diversos climas e domínios fitogeográficos existentes no planeta. Os conhecimentos sobre a climatologia, embora envolvam a apropriação de uma série de saberes técnicos, também demandam a reflexão sobre as relações dos climas com a vida humana e o restante da biodiversidade. São temas amplos, que exigem o domínio de um leque expressivo de conceitos e o desenvolvimento de uma aguda capacidade de interpretação para cada tópico trabalhado. No caso específico dos fatores climáticos – essenciais para a compreensão da distribuição dos climas terrestres –, são necessárias noções básicas de outro campo do conhecimento: a Astronomia. O entendimento da influência do posicionamento da Terra em relação à sua grande fonte de energia, o Sol, torna-se um dos pré-requisitos fundamentais nesse contexto. Enfim, o estudo da climatologia é ótimo para desenvolver a capacidade de integrar saberes e perceber como os espaços geográficos são fruto de relações entre os elementos que os determinam.

Principais conteúdos relacionados

Capítulo 7	A biosfera: interação e dinâmica do planeta
Capítulo 8	A atmosfera terrestre
Capítulo 9	Condições meteorológicas e climas da Terra
Capítulo 10	As mudanças climáticas e as paisagens geográficas
Capítulo 27	Amazônia: a última fronteira

▶ Como esse tema costuma aparecer no Enem e nos principais vestibulares?

No Enem, não são comuns questões que abordam isoladamente conteúdos de Astronomia, dinâmica atmosférica, climatologia e fitogeografia. Preferencialmente, as questões evocam reflexões multitemáticas ou até multidisciplinares. Algumas combinações recorrentes são Astronomia e orientação espacial ou fatores climáticos, climatologia e eventos extremos (furacões, secas, enchentes, fenômenos El Niño expressivos), Geografia Econômica ou mudanças climáticas (que serão abordadas à parte, no tópico sobre as questões de Geografia Ambiental) e, obviamente, as relações entre os climas e a fitogeografia (domínios morfoclimáticos), que também costumam tender para o enfoque dos aspectos da degradação de ecossistemas pela ação antrópica. Já os vestibulares, principalmente em suas fases mais agudas, tendem a exigir maior detalhamento acerca dos conceitos e das dinâmicas que envolvem esses temas, sendo mais comum que haja questões específicas, muito embora a tendência predominante seja similar à do Enem. De qualquer modo, a dica é não tratar as especificidades de cada tema isoladamente e buscar sempre a reflexão inter-relacional, mesmo sem dispensar o amplo domínio dos conceitos básicos e das informações essenciais envolvidas.

Exemplo comentado de questão

(Enem – 2009)

Na figura, observa-se uma classificação de regiões da América do Sul segundo o grau de aridez verificado.

(Disponível em: www.mutirao.com.br. Acesso em: 5 ago. 2009.)

Em relação às regiões marcadas na figura, observa-se que:

a. a existência de áreas superáridas, áridas e semiáridas é resultado do processo de desertificação, de intensidade variável, causado pela ação humana.

b. o emprego de modernas técnicas de irrigação possibilitou a expansão da agricultura em determinadas áreas do semiárido, integrando-as ao comércio internacional.

c. o semiárido, por apresentar déficit de precipitação, passou a ser habitado a partir da Idade Moderna, graças ao avanço científico e tecnológico.

d. as áreas com escassez hídrica na América do Sul se restringem às regiões tropicais, onde as médias de temperatura anual são mais altas, justificando a falta de desenvolvimento e os piores indicadores sociais.

e. o mesmo tipo de cobertura vegetal é encontrado nas áreas superáridas, áridas e semiáridas, mas essa cobertura, embora adaptada às condições climáticas, é desprovida de valor econômico.

Comentário: Questão de nível bastante acessível para alunos que dominam os conceitos fundamentais da Geografia. Nos vestibulares, há uma tendência de maior incidência de questões que cobrem os conceitos de paisagem e território, comumente como essa, em que o tema aparece de forma aplicada numa situação cotidiana. Mesmo para quem não possui muita segurança em relação a esse tema, a leitura atenta ao texto apresentado como suporte permite a resolução com alguma tranquilidade.

Gabarito: B.

Justificativa: A alternativa **a** está incorreta, pois a existência de áreas superáridas se relaciona diretamente a fatores naturais e não antrópicos e, mesmo nas demais áreas, a influência humana tem de ser relativizada. A alternativa **c** está incorreta, pois a ocupação humana nas áreas destacadas no enunciado da questão se dá desde tempos remotos, muito anteriores ao período da Idade Moderna. A alternativa **d** está incorreta, pois a existência do Deserto da Patagônia, no sul da Argentina, demonstra que há regiões áridas situadas fora da zona intertropical, nesse caso, ao sul do Trópico de Capricórnio. A alternativa **e** está incorreta, pois existe diversidade nos biomas existentes nas diferentes regiões assinaladas, e alguns deles possuem valor econômico ao menos razoável. A alternativa correta, portanto, é a **b**, pois o processo nela descrito reflete a realidade de algumas dessas regiões.

▶ Outras questões para você praticar

1. (Enem – 2008) O diagrama abaixo representa, de forma esquemática e simplificada, a distribuição da energia proveniente do Sol sobre a atmosfera e a superfície terrestre. Na área delimitada pela linha tracejada, são destacados alguns processos envolvidos no fluxo de energia na atmosfera.

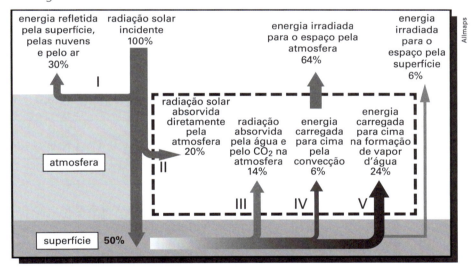

Raymong A. Serway e John W. Jewett. *Princípios de Física*, v.2, fig. 18.12 (com adaptações).

Com base no diagrama acima, conclui-se que

a. a maior parte da radiação incidente sobre o planeta fica retida na atmosfera.
b. a quantidade de energia refletida pelo ar, pelas nuvens e pelo solo é superior à absorvida pela superfície.
c. a atmosfera absorve 70% da radiação solar incidente sobre a Terra.
d. mais da metade da radiação solar que é absorvida diretamente pelo solo é devolvida para a atmosfera.
e. a quantidade de radiação emitida para o espaço pela atmosfera é menor que a irradiada para o espaço pela superfície.

2. (UFPR – 2015) Segundo o geógrafo Carlos Augusto de Figueiredo Monteiro, diferentes centros de ação atmosférica atuam sobre a América do Sul, sendo eles: Massa Tropical Atlântica, Massa Equatorial Continental, Massa Polar Atlântica, Massa Tropical Continental e Massa Equatorial do Atlântico Norte. Com base na atuação dessas massas de ar e em suas características, considere as seguintes afirmativas:

1. A Massa Equatorial Continental é a única massa continental do planeta com características úmidas, devido à grande extensão da floresta amazônica e sua evapotranspiração.
2. A Massa Polar Atlântica é a responsável pelas ondas de frio que atingem o Brasil devido ao abastecimento polar proveniente do Ártico.
3. A direção predominante dos ventos originados na Massa Tropical Atlântica sobre a fachada sul do Brasil é de oeste.
4. As massas Tropical Atlântica e Equatorial do Atlântico Norte são as formadoras, respectivamente, dos alísios de sudeste e nordeste que atuam sobre o Brasil.

Assinale a alternativa correta:

a. Somente a afirmativa 1 é verdadeira.
b. Somente as afirmativas 1 e 4 são verdadeiras.
c. Somente as afirmativas 2 e 3 são verdadeiras.
d. Somente as afirmativas 2, 3 e 4 são verdadeiras.
e. Somente as afirmativas 1, 2 e 3 são verdadeiras.

3. (PUC-RS – 2013) Resolver a questão com base nos climogramas que tratam da situação climática de três diferentes cidades.

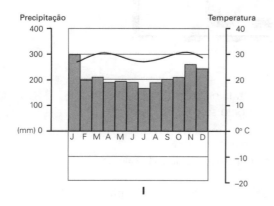

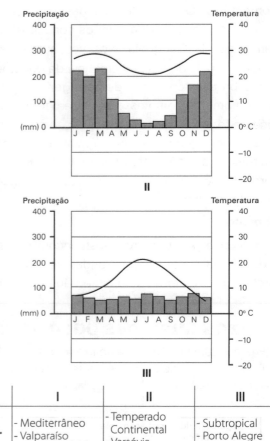

	I	II	III
a.	- Mediterrâneo - Valparaíso	- Temperado Continental - Varsóvia	- Subtropical - Porto Alegre
b.	- Temperado Oceânico - Nova York	- Mediterrâneo - Barcelona	- Semiárido - Recife
c.	- Equatorial - Cingapura	- Tropical Continental - Cuiabá	- Temperado Oceânico - Londres
d.	- Temperado Continental - Berlim	- Equatorial - Manaus	- Semiárido - Nova Orleans
e.	- Equatorial - Campo Grande	- Semiárido - Teresina	- Desértico - Riad

4. (IFMT – 2012) O Brasil é conhecido como um país tropical, mas sua extensão e localização geográfica permitem uma diversidade de paisagens climatobotânicas. Identifique-as corretamente nas alternativas abaixo, de acordo com as características apresentadas:

a. As savanas ocorrem em clima subtropical, com chuvas constantes; são basicamente compostas de gramíneas e capim, com árvores e arbustos esparsos, de poucas folhas. No Brasil, essa formação vegetal é o cerrado.
b. Entre as florestas brasileiras, distribui-se ao norte do país a floresta amazônica, latifolia-

da tropical ou equatorial, pluvial, conhecida como "inferno verde", com diversidade de espécies animais e vegetais.
c. No litoral brasileiro, ainda se encontram remanescentes de uma mata tropical, latifoliada úmida de encostas, que cobre extensa área do Rio Grande do Norte até o Rio Grande do Sul, embora tenha sido palco de atividades econômicas importantes, desde o período Colonial.
d. No sul, em clima subtropical, com temperaturas mais amenas, surge a mata de araucária. Apresenta variedades, de acordo com a possibilidade de inundação: mata de igapó, de várzea e terra firme.
e. No nordeste brasileiro, a caatinga apresenta grande homogeneidade em relação às paisagens vegetais, com cactáceas, xerófilas e mata de cocais.

5. (Unicamp-SP – 2012) Observe o esquema abaixo, que indica a circulação atmosférica sobre a superfície terrestre, e indique a alternativa correta.

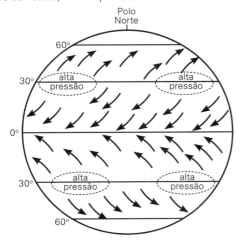

a. Os ventos alísios dirigem-se das áreas tropicais para as equatoriais, em sentido horário no hemisfério Norte e anti-horário no hemisfério Sul, graças à ação da Força de Coriolis, associada à movimentação da Terra.
b. Os ventos alísios dirigem-se das áreas de alta pressão, características dos trópicos, em direção às áreas de baixa pressão, próximas ao equador, movimentando-se em sentido anti-horário no hemisfério Norte e em sentido horário no hemisfério Sul.
c. Os ventos contra-alísios dirigem-se dos trópicos em direção ao equador, movimentando-se em sentido horário no hemisfério Norte e anti-horário no hemisfério Sul, graças à ação da Força de Coriolis.
d. Os ventos contra-alísios dirigem-se da área tropical em direção aos polos, provocando quedas bruscas de temperatura e eventualmente queda de neve, movimentando-se em sentido anti-horário no hemisfério Sul e em sentido horário no hemisfério Norte.

6. (Unicamp-SP – 2012) O mapa abaixo indica a ocorrência de queda de neve na América do Sul. Observe o mapa e responda às questões.

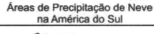

a. Que fatores climáticos determinam a distribuição geográfica da ocorrência de queda de neve na América do Sul?
_____
_____
_____

b. Quais são as condições momentâneas de estado de tempo necessárias para a ocorrência de precipitação em forma de neve?
_____
_____
_____

Dinâmicas terrestres – biosfera e atmosfera **Tema 3**

7. (PUC-RJ – 2011)

DESERTOS: Domínios que cobrem $\frac{2}{9}$ da superfície continental da Terra.

Fonte: google.imagens.com.br.

Compreende-se hoje que os desertos são domínios morfoclimáticos fundamentais para o equilíbrio ecológico do planeta.

a. Explique a tendência às altas amplitudes térmicas diárias nesses ambientes.

_____
_____
_____
_____

b. Justifique como a baixa pluviosidade média nos desertos impede que os seus solos sejam bem desenvolvidos para a agricultura.

_____
_____
_____
_____
_____
_____

TEMA 4

DINÂMICAS TERRESTRES – HIDROSFERA E LITOSFERA

Tsunami em Iwanuma, no norte do Japão. Foto de 2011.

A dinâmica da Terra produz fenômenos devastadores. Como a humanidade se relaciona com eles? É possível impedir que ocorram, ou prevê-los? Quais são as regiões mais vulneráveis? Até que ponto o conhecimento da Geografia contribui para minimizar os efeitos desses fenômenos?

O estudo da Geografia nos conecta com a dinâmica de um planeta em constante transformação. Os sistemas naturais terrestres se conectam e se relacionam uns com os outros. Por exemplo, a percepção de como a compreensão da dinâmica da tectônica de placas permite interpretar inúmeros aspectos do relevo ou a ocorrência de terremotos, como o que gerou o *tsunami* destacado na foto acima, se insere nos campos de estudo típicos da chamada Geografia Física. No entanto, entre outros aspectos naturais, no estudo da geologia e do relevo ou da dinâmica que envolve a hidrosfera terrestre, os conteúdos e as particularidades jamais devem ser tratados de forma estanque, desconsiderando as eventuais influências antrópicas – afinal, a Geografia se ocupa dos espaços geográficos, que incluem a presença humana. Basicamente, devemos lembrar que, embora o ser humano imponha uma dinâmica própria à natureza, esta, por si só, também se modifica ao longo do tempo – situação que inspira até mesmo a teoria de Gaia, segundo a qual o planeta é compreendido como um autêntico ser vivo, com sua própria trajetória natural ao longo de 4,5 bilhões de anos de existência. Desvendá-lo é nosso desafio.

Principais conteúdos relacionados

Capítulo 7	A biosfera: interação e dinâmica do planeta
Capítulo 11	A dinâmica hidrológica e as águas continentais
Capítulo 12	A água nos oceanos
Capítulo 13	A dinâmica litosférica e as paisagens terrestres
Capítulo 14	As rochas, os solos e as formas de relevo
Capítulo 36	Degradação ambiental e mudanças ecológicas globais

► Como esse tema costuma aparecer no Enem e nos principais vestibulares?

A compreensão do funcionamento dos sistemas naturais terrestres é um tema recorrente em qualquer exame que avalie o conhecimento geográfico de alunos do Ensino Médio. Em geral, essa exigência faz referência às principais tragédias naturais que atingem diferentes localidades do planeta anualmente, entre elas terremotos, *tsunamis* e deslizamentos de terra. Interpretações sobre as relações entre os diversos aspectos naturais envolvidos e as implicações antrópicas na origem ou nas consequências desses eventos costumam ser exigidas. Além disso, são frequentes as questões que tratam de aspectos pontuais, como intemperismo, tectonismo de placas, tipos de solo e formações geomorfológicas, especificidades dos oceanos etc. É importante dominar mais detalhadamente as características dos espaços naturais brasileiros – com destaque para as diferentes classificações do relevo do Brasil – e sul-americanos, já que boa parte das questões estará direcionada a esse recorte regional. Isso sem esquecer, no entanto, de reconhecer os aspectos físicos mais significativos de outras regiões do mundo – especialmente em localidades marcadas por eventos naturais de grande repercussão midiática na atualidade.

Exemplo comentado de questão

(Enem – 2012)

As plataformas ou crátons correspondem aos terrenos mais antigos e arrasados por muitas fases de erosão. Apresentam uma grande complexidade litológica, prevalecendo as rochas metamórficas muito antigas (Pré-Cambriano Médio e Inferior). Também ocorrem rochas intrusivas antigas e resíduos de rochas sedimentares. São três as áreas de plataforma de crátons no Brasil: a das Guianas, a Sul-Amazônica e a do São Francisco.

ROSS, J. L. S. *Geografia do Brasil*. São Paulo: Edusp, 1998.

As regiões cratônicas das Guianas e a Sul-Amazônica têm como arcabouço geológico vastas extensões de escudos cristalinos, ricos em minérios, que atraíram a ação de empresas nacionais e estrangeiras do setor de mineração e destacam-se pela sua história geológica por

a. apresentarem áreas de intrusões graníticas, ricas em jazidas minerais (ferro, manganês).

b. corresponderem ao principal evento geológico do Cenozoico no território brasileiro.

c. apresentarem áreas arrasadas pela erosão, que originaram a maior planície do país.

d. possuírem em sua extensão terrenos cristalinos ricos em reservas de petróleo e gás natural.

e. serem esculpidas pela ação do intemperismo físico, decorrente da variação de temperatura.

Comentário: Essa é uma típica questão complexa, que relaciona fundamentos da Geografia Física – no caso, os conhecimentos detalhados sobre a base geológica do Brasil – às práticas antrópicas de exploração dos territórios, orientadas para fins econômicos. É exigido o reconhecimento da interação entre diversos elementos naturais e a apropriação de conceitos básicos, como rochas intrusivas, erosão e intemperismo físico. Além disso, é exigida a localização temporal das eras geológicas. No entanto, a finalidade da questão destina-se à percepção do quanto o arcabouço físico é determinante para a territorialidade das atividades econômicas praticadas no Brasil. As bases geológicas brasileiras e sul-americanas são um tema exigido de forma recorrente em vestibulares de Geografia e merecem dedicação especial nos estudos.

Gabarito: A.

Justificativa: As regiões destacadas no texto apresentado como suporte são, como é sugerido no próprio enunciado da questão, ricas em minérios – especialmente aqueles associados às bases geológicas mais antigas do território brasileiro, como o minério de ferro e o manganês. Está correta, portanto, a alternativa **a**. A alternativa **b** utiliza uma justificativa inade-

22   **Caderno de revisão**

quada para responder à temática proposta no comando da questão, já que o que se busca é uma interpretação geológica para a intensa exploração desses locais por mineradoras. Nesse caso, o fato de no Período Cenozoico ter havido ou não um evento geológico importante passa a ser secundário. A alternativa **c** está incorreta, pois as áreas destacadas no enunciado da questão não são de planícies. A alternativa **d** está incorreta, pois o petróleo e o gás natural são riquezas associadas a terrenos sedimentares e não a escudos cristalinos, que se caracterizam pela abundância de outros minerais, como o minério de ferro e o manganês. Finalmente, a alternativa **e** é um distrator que remete a processos que não justificam a existência de riquezas minerais nem atraem a instalação de mineradoras – elementos que são o ponto central da questão. Além disso, a variação da temperatura não é o principal agente desencadeador do intemperismo físico nas regiões citadas, porque estas se situam predominantemente em baixas latitudes – áreas com pouca variação térmica.

▶ Outras questões para você praticar

1. (Enem – 2011)

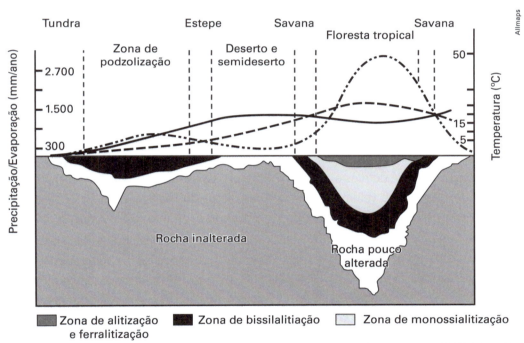

TEIXEIRA, W. et al. *Decifrando a Terra*. São Paulo: Nacional, 2009 (adaptado).

O gráfico relaciona diversas variáveis ao processo de formação de solos. A interpretação dos dados mostra que a água é um dos importantes fatores de pedogênese, pois nas áreas

a. de clima temperado ocorrem alta pluviosidade e grande profundidade de solos.

b. tropicais ocorre menor pluviosidade, o que se relaciona com a menor profundidade das rochas inalteradas.

c. de latitudes em torno de 30° ocorrem as maiores profundidades de solo, visto que há maior umidade.

d. tropicais a profundidade do solo é menor, o que evidencia menor intemperismo químico da água sobre as rochas.

e. de menor latitude ocorrem as maiores precipitações, assim como a maior profundidade dos solos.

2. (UFPR – 2015) A geomorfologia é o campo do conhecimento técnico e científico que estuda as formas do relevo e os processos pretéritos e presentes envolvidos. Em regiões sob a influência de clima tropical e subtropical, o relevo, em grande parte, está sendo moldado pela ação das chuvas, que promove o intemperismo nas rochas e o transporte e deposição dos sedimentos. Apesar de esses processos participarem da dinâmica natural, eles podem ser influenciados pela ação humana. A alteração no seu equilíbrio pode trazer graves consequências à sociedade.

Sobre os processos geomorfológicos que têm sido intensificados pela influência humana, considere as seguintes afirmativas:

1. O processo de assoreamento tem ocorrido com grande frequência nas áreas mais elevadas do relevo, onde as declividades são mais íngremes, trazendo prejuízos por afetar os chamados topos de morros.

2. Os escorregamentos e as corridas de detritos e lama, que são deflagrados por grande volume de chuvas e ocorrem, predominantemente, em regiões serranas e nas encostas com maiores inclinações, estão entre os processos geomorfológicos que trazem maiores danos à sociedade.

3. A erosão pluvial em vertentes, que traz grandes prejuízos econômicos e ambientais, está condicionada, além de às características do relevo, também aos tipos de solo, à dinâmica das chuvas, à cobertura da vegetação e ao tipo de uso antrópico.

Assinale a alternativa correta.

a. Somente a afirmativa 3 é verdadeira.
b. Somente as afirmativas 1 e 2 são verdadeiras.
c. Somente as afirmativas 1 e 3 são verdadeiras.
d. Somente as afirmativas 2 e 3 são verdadeiras.
e. As afirmativas 1, 2 e 3 são verdadeiras.

3. (UPM-SP – 2014)

Placas Tectônicas

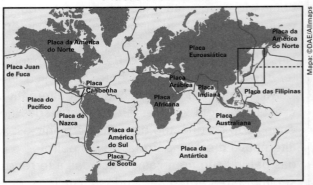

Observando a figura, podemos afirmar que:

I. Alfred Wegener, meteorologista alemão, levantou a hipótese, no início do século XX, afirmando que, há 220 milhões de anos, os continentes formavam uma única massa denominada Pangeia, rodeada por um oceano chamado Pantalassa. Essa suposição foi rejeitada pela comunidade científica da época.

II. A litosfera encontra-se em movimento, uma vez que é composta por placas tectônicas seccionadas que flutuam deslocando-se lentamente sobre a astenosfera.

III. A cordilheira dos Andes é um dobramento recente. Datando do período Terciário da era Cenozoica, surge do intenso entrechoque das placas do Pacífico e Sul-Americana, promovendo o fenômeno de obdução.

IV. A Dorsal Atlântica estende-se desde as costas da Groenlândia até o sul da América do Sul. Os movimentos divergentes entre as placas Africana e Sul-Americana permitiram intensos derramamentos magmáticos, originando rochas basálticas que foram incorporadas às bordas das referidas placas.

Estão corretas:

a. I e III, apenas.
b. II e III, apenas.
c. I, II e III, apenas.
d. I, II e IV, apenas.
e. I, II, III e IV.

4. (UEPB – 2006)

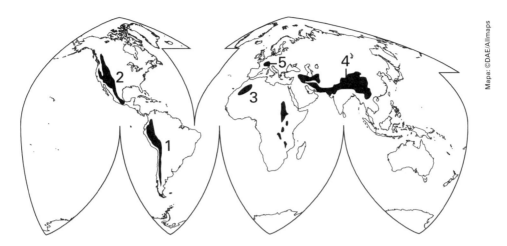

No cartograma, as áreas escuras representam importantes cadeias montanhosas do mundo. Identifique-as, enumerando a sequência de parênteses abaixo, de 1 a 5, conforme a correspondência correta:

( ) Cadeia do Himalaia, onde se encontra o pico Everest, "o topo do mundo", com seus 8 848 m.

( ) Alpes, dobramentos modernos que dominam em todo o território suíço.

( ) Montanhas Rochosas, cadeia montanhosa que é uma importante reserva de recursos minerais chegando até o Alasca.

( ) Cadeia do Atlas, que provoca maior incidência de chuvas na região do Magreb, tornando estas terras úmidas e férteis.

( ) Cordilheira dos Andes, formação geológica recente que se estende da Venezuela ao sul do Chile, numa extensão de 7 500 km, com altitudes que ultrapassam os 7 000 m.

Assinale a sequência correta:

a. 5 3 4 2 1
b. 4 5 2 3 1
c. 4 3 5 2 1
d. 3 5 4 1 2
e. 4 2 5 1 3

5. (Udesc – 2008) Sobre a hidrosfera, pode-se afirmar:

I. No planeta Terra a água é encontrada naturalmente nos três estados: líquido, sólido e gasoso.

II. A água do mar só é salgada porque, após a solidificação da litosfera e com o estabelecimento do ciclo da água, a ação do intemperismo desagregou e decompôs as rochas, dando origem a sais minerais. Estes eram levados para os mares e oceanos por diversos agentes erosivos. Assim, os mares e oceanos foram se tornando salinos.

III. As águas se concentram mais no hemisfério Sul do que no hemisfério Norte.

IV. As marés são movimentos de lenta subida e descida das águas dos oceanos e mares; podem ser observadas no decorrer de um dia e são provocadas pela força de atração da Lua e do Sol.

Assinale a alternativa correta:

a. Somente as afirmativas II e IV são verdadeiras.
b. Somente as afirmativas I, II e III são verdadeiras.
c. Somente a afirmativa IV é verdadeira.
d. Somente as afirmativas I e III são verdadeiras.
e. Todas as afirmativas são verdadeiras.

TEMA 5 — URBANIZAÇÃO

Imagem da cena do filme *Metrópolis*, de Fritz Lang, de 1927.

A cidade futurista do clássico filme *Metrópolis*, do cineasta austríaco Fritz Lang, caótica e repleta de problemas sociais, foi imaginada para o ano 2026. Será que hoje, quando nos aproximamos dessa data, a ficção científica projetada pelo autor está se confirmando? Quais são as características e contradições dos ambientes urbanos mundiais?

O contingente de população urbana no mundo superou o rural pela primeira vez em 2007. Compreender o fenômeno da urbanização na atualidade tornou-se, mais do que outrora, um elemento essencial do conhecimento geográfico. O estudo da Geografia Urbana agrega múltiplos aspectos de investigação, que vão desde os fenômenos que fazem surgir e crescer as grandes metrópoles até a percepção dos diferentes papéis que elas podem desempenhar tanto em âmbito regional quanto na rede urbana mundial. Além disso, deve-se ter em mente que nenhum outro espaço na superfície do planeta foi tão alterado pela ação antrópica quanto as grandes cidades. É preciso, portanto, desvendar as marcas e contradições dessa produção do espaço geográfico, analisando também as relações de poder que determinaram a territorialização presente nesse espaço e as diferentes formas de segregação espacial, que criam vulnerabilidades em âmbito econômico e socioambiental. Como as cidades não existem de forma isolada e agregam boa parte da produção humana, mais uma vez as relações com outros campos de saber se tornam estratégicas.

Principais conteúdos relacionados

Capítulo 15	A natureza, o trabalho e a atividade industrial
Capítulo 17	As cidades e o fenômeno da urbanização
Capítulo 26	Urbanização brasileira
Capítulo 34	Os fluxos da rede global de negócios

▶ Como esse tema costuma aparecer no Enem e nos principais vestibulares?

O tema é um dos mais recorrentes no Enem e nos vestibulares de Geografia, até mesmo para a redação. Entre os tópicos mais exigidos estão a rede urbana e toda a conceituação que esta envolve (hierarquias, classificação dos centros urbanos, megalópoles etc.), a dinâmica dos fluxos humanos que circulam nas cidades e em seu entorno (incluindo as questões relativas à mobilidade urbana) e os problemas ligados à segregação espacial e à ecologia das metrópoles. As questões comumente são de cunho interpretativo, buscando elucidar situações urbanas vivenciadas no dia a dia. Nesse sentido, temas como o êxodo rural, o grau de industrialização e o reconhecimento de outros fatores que possam ter influenciado o crescimento das cidades devem ser tratados com muita atenção, sobretudo no que se refere às grandes cidades brasileiras, visto que uma parcela expressiva das questões enfoca o Brasil. Deve-se perceber até que ponto os problemas identificados – de ordem socioeconômica ou ambiental – são resultantes desses processos. Também é importante dominar, especialmente para as provas de vestibular, informações sobre o *ranking* das maiores e mais importantes cidades do Brasil e do mundo.

Exemplo comentado de questão

(Enem – 2013)

> Trata-se de um gigantesco movimento de construção de cidades, necessário para o assentamento residencial dessa população, bem como de suas necessidades de trabalho, abastecimento, transportes, saúde, energia, água etc. Ainda que o rumo tomado pelo crescimento urbano não tenha respondido satisfatoriamente a todas essas necessidades, o território foi ocupado e foram construídas as condições para viver nesse espaço.
>
> MARICATO, E. *Brasil, cidades*: alternativas para a crise urbana. Petrópolis: Vozes, 2001.

A dinâmica de transformação das cidades tende a apresentar como consequência a expansão das áreas periféricas pelo(a)

a. crescimento da população urbana e aumento da especulação imobiliária.

b. direcionamento maior do fluxo de pessoas, devido à existência de um grande número de serviços.

c. delimitação de áreas para uma ocupação organizada do espaço físico, melhorando a qualidade de vida.

d. implantação de políticas públicas que promovem a moradia e o direito à cidade aos seus moradores.

e. reurbanização de moradias nas áreas centrais, mantendo o trabalhador próximo ao seu emprego, diminuindo os deslocamentos para a periferia.

Comentário: A questão se torna mais complexa pelo fato de o texto apresentado como suporte não tratar especificamente do tema da especulação imobiliária, o que pode gerar dúvidas. É preciso lembrar que os textos de suporte, como o próprio conceito sugere, podem se enquadrar em casos como esse, no qual a resposta será obtida por meio da reflexão sobre os aspectos subliminares ali tratados, exigindo conhecimentos prévios. Por outro lado, as opções apresentadas como distratores, contendo incorreções fáceis de identificar, simplificam o encontro da resposta pela técnica da eliminação.

Gabarito: A.

Justificativa: A alternativa **b** está incorreta, pois o comando direciona a questão para as áreas periféricas das cidades, que são as menos providas de serviços urbanos. Além disso, o principal fator para o fluxo destacado é a redução das opções de trabalho no meio rural. A alternativa **c** está incorreta porque o texto apresentado como suporte e o enunciado da questão tratam da formação das periferias urbanas, o que não ocorreu por meio de

Urbanização **Tema 5** 27

uma ocupação organizada, como é afirmado. A alternativa **d** está incorreta, pois as periferias urbanas, especialmente em países em desenvolvimento, estão repletas de favelas, marcadas pela carência de políticas públicas e pela qualidade inadequada de moradia. Também não é correto afirmar, como na alternativa **e**, que esse processo tenha valorizado as áreas centrais da cidade e possibilitado aos trabalhadores estabelecer moradias perto delas. Ao contrário, a segregação espacial tende a utilizar as áreas mais nobres da cidade para especulação imobiliária, deslocando os grupos socialmente mais vulneráveis para as periferias urbanas. Está correta, portanto, a alternativa **a**.

Outras questões para você praticar

1. (Enem – 2009)

A mais profunda objeção que se faz à ideia da criação de uma cidade, como Brasília, é que o seu desenvolvimento não poderá jamais ser natural. É uma objeção muito séria, pois provém de uma concepção de vida fundamental: a de que a atividade social e cultural não pode ser uma construção. Esquecem-se, porém, aqueles que fazem tal crítica, que o Brasil, como praticamente toda a América, é criação do homem ocidental.

PEDROSA, M. Utopia: obra de arte. Vis – *Revista do Programa de Pós-graduação em Arte* (UnB), v. 5, n. 1, 2006 (adaptado).

As ideias apontadas no texto estão em oposição, porque:

a. a cultura dos povos é reduzida a exemplos esquemáticos que não encontram respaldo na história do Brasil ou da América.

b. as cidades, na primeira afirmação, têm um papel mais fraco na vida social, enquanto a América é mostrada como um exemplo a ser evitado.

c. a objeção inicial, de que as cidades não podem ser inventadas, é negada logo em seguida pelo exemplo utópico da colonização da América.

d. a concepção fundamental da primeira afirmação defende a construção de cidades e a segunda mostra, historicamente, que essa estratégia acarretou sérios problemas.

e. a primeira entende que as cidades devem ser organismos vivos, que nascem de forma espontânea, e a segunda mostra que há exemplos históricos que demonstram o contrário.

2. (UEL-PR – 2014) Leia o texto a seguir.

Segundo a Globalization and World Cities Study Group & Network, atualmente são reconhecidas mais de 50 cidades globais no planeta, divididas em três grupos, por grau de importância, Alfa, Beta e Gama.

Adaptado de: INFOESCOLA. *Cidades globais*.
Disponível em: <http://www.brasilescola.com/geografia/cidades-globais.htm>. Acesso em: 23 jun. 2013.

Sobre o conceito de cidade global, assinale a alternativa correta.

a. Aplica-se à junção de duas ou mais metrópoles nacionais, com elevado tráfego urbano e aéreo internacionais.

b. Aplica-se às cidades em áreas de conurbação com os maiores Índices de Desenvolvimento Humano (IDH) do planeta.

c. Define-se por cidades que possuem elevados índices de emprego e renda e que atraem imigrantes de várias partes do mundo.

d. Refere-se aos centros de decisão e locais geográficos estratégicos, nos quais a economia mundial é planejada e administrada.

e. Refere-se a um conjunto de regiões metropolitanas, que formam áreas com maior número de população do planeta.

3. (FGV-SP – 2014) A questão está relacionada ao mapa apresentado a seguir.

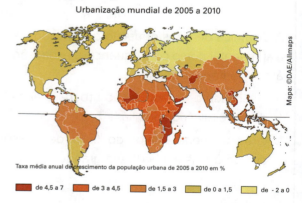

(Catherine Wenden. *Atlas des migrations*. Paris: Autrement, 2012. p. 82)

A leitura do mapa e os conhecimentos sobre a urbanização mundial permitem afirmar que:

a. nos países do Sul, o crescimento urbano assumiu um caráter explosivo, em especial no continente africano.

28 Caderno de revisão

b. na América Latina, existem países com fraca urbanização devido à permanência de economias agroexportadoras.

c. os países do Norte apresentam menores taxas de urbanização devido ao fenômeno da desmetropolização.

d. as áreas com crescimento urbano acima de 3% estão associadas ao surgimento de áreas industriais.

e. nos países pobres da África e da Ásia, a rápida urbanização está associada à modernização do campo.

4. (UEG-GO– 2010) A intensidade da ocorrência de problemas urbanos de natureza climática tem sido a tônica dessas últimas décadas. Um dos fatores que contribuem para o desenvolvimento desses problemas está relacionado ao crescimento demográfico humano. A figura abaixo representa o crescimento da população humana em uma determinada metrópole brasileira a partir da década de 1920.

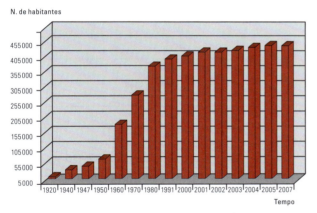

Com base nas informações e no gráfico, é correto afirmar:

a. na década de 1970, como o número de habitantes era menor se comparado ao dos anos atuais, a inexistência de problemas ambientais se deve a uma maior sensibilização ambiental por parte da população.

b. à medida que o crescimento demográfico humano aumenta, a existência de problemas ambientais se torna evidente, uma vez que as más condições de habitação e saneamento são ocorrentes nas metrópoles.

c. a implantação de programas de natalidade e de programas referentes às políticas ambientais desencadeia a tendência de o número de habitantes se estabilizar nos países subdesenvolvidos, nos últimos anos.

d. o crescimento populacional e a consequente expansão territorial urbana a partir da década de 1960 estão relacionados a vários fatores, sendo que as enchentes e os alagamentos são determinantes.

5. (Uerj – 2013) A análise das áreas de influência das metrópoles permite identificar características atuais da rede urbana nacional, como é o caso da descontinuidade espacial da polarização exercida por um centro urbano, e a superposição espacial das áreas de influência das cidades. Um exemplo pode ser observado no mapa abaixo, no caso das áreas polarizadas por Curitiba e por Porto Alegre.

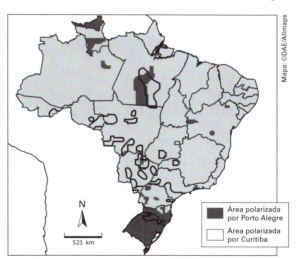

Adaptado de TERRA, Lygia e outros. *Conclusões*: estudos da geografia geral e do Brasil, São Paulo. Moderna, 2008.

A descontinuidade espacial das áreas de influência dessas duas metrópoles meridionais tem como principal explicação a existência de:

a. fluxos de migrantes da Região Sul para outras regiões.

b. filiais de indústrias gaúchas e paranaenses dispersas pelo país.

c. redes de transporte rodoviário com origem nos estados sulistas.

d. matrizes de bancos curitibanos e porto-alegrenses e agências em outros estados.

6. (Unicamp-SP – 2014)

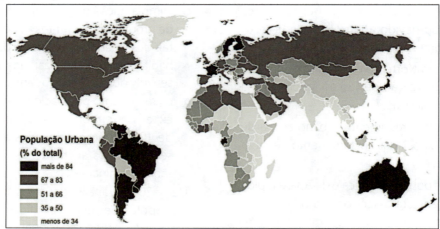

Fonte: Banco Mundial, 2013.

Segundo dados da ONU (2013), em 2011, 51% da população mundial (3,6 bilhões) passou a viver em áreas urbanas, em contraste com pouco mais de um terço registrado em 1972. Essa mudança tem implicado grandes metamorfoses do espaço habitado, levando à formação de megacidades (aglomerados urbanos com mais de 10 milhões de habitantes) em todos os continentes.

a. Indique os fatores que impulsionam a urbanização mundial, levando à formação de megacidades nos países menos desenvolvidos.

b. Aponte, ao menos, três problemas relacionados à dinâmica do espaço urbano das megacidades em países menos desenvolvidos.

7. (UFRJ – 2011)

"As cidades clamam por transporte público."
Jornal do Brasil

"Vende-se uma laje na favela."

"As favelas do Rio de Janeiro estão sendo verticalizadas por falta de espaço para aumentar a área habitada. A venda da laje está custando até 30 mil reais pelo direito de construir e usar a parte superior da casa."
Blog "as novidades", acessado em 05/10/2010.

Relacione as duas manchetes.

TEMA 6
CONTRASTES SOCIAIS

Contraste da situação econômica e social entre favela e condomínio de luxo, em Paraisópolis e Morumbi, bairros de São Paulo. Foto de 2013.

O Brasil já ostentou a condição de país mais desigual do mundo. Mesmo com a redução da pobreza verificada recentemente, paisagens como a dessa foto ainda são comuns e o brasileiro se habituou a elas. Afinal, a existência da pobreza é condição para a da riqueza? É possível que um dia tenhamos um mundo menos injusto? Que desafios devem ser encarados pela humanidade para chegarmos a isso?

Em sua vertente humanística, a Geografia se ocupa, entre outras questões, de discutir criticamente as discrepâncias das condições de vida materializadas nos diferentes espaços mundiais. O estudo sobre a pobreza é amplo e, além da Geografia, envolve conhecimentos históricos, econômicos e sociológicos. É no espaço geográfico, no entanto, que ficam impressos como verdadeiros carimbos os contrastes de uma sociedade que, se anteriormente já era marcada por desigualdades socioeconômicas, agora, no período da globalização, vê esse fenômeno se acentuar de maneira expressiva. Um exemplo disso é a análise dos contrastes entre os padrões de vida existentes nos países ricos, como os escandinavos, e nos países pobres, como os do Sahel, na África. Ela deve propiciar a percepção de que os fenômenos históricos e econômicos que levaram à acumulação de capital por determinados segmentos sociais são os mesmos que produziram a pobreza de milhões no mundo periférico e até em alguns guetos segregados do próprio mundo desenvolvido. Averiguar esse processo e analisar os espaços dele resultantes são desafios desse ramo da ciência geográfica.

Principais conteúdos relacionados

Capítulo 17	As cidades e o fenômeno da urbanização
Capítulo 20	Agropecuária moderna e sistemas agrícolas tradicionais
Capítulo 21	A fome e o mercado global de alimentos
Capítulo 25	Modernização do campo brasileiro
Capítulo 26	Urbanização brasileira
Capítulo 30	Grandes potências econômicas e potências emergentes no cenário multipolar
Capítulo 31	A regionalização do espaço geográfico mundial
Capítulo 32	Capitalismo, espaço geográfico e globalização
Capítulo 37	Globalização, trabalho e desigualdades socioespaciais

▶ Como esse tema costuma aparecer no Enem e nos principais vestibulares?

Como se trata de um tema transversal, ele pode aparecer de forma direta ou subliminar em questões de diversos outros ramos da Geografia, e não apenas naquelas que tratam da economia e dos processos de produção. Questões de Geografia Agrária, Urbana, de Demografia, Geopolítica ou mesmo que envolvam aspectos diversos da globalização, comumente abrangem as discrepâncias socioeconômicas entre as sociedades destacadas ou entre o mundo rico e o pobre. Cabe, portanto, estar bem embasado em relação aos quesitos fundamentais, dominando o uso dos indicadores socioeconômicos, os aspectos históricos que envolvem a expansão do modo de produção capitalista no globo e as grandes crises humanitárias, além de reconhecer com habilidade a espacialidade desses contrastes por meio da interpretação eficiente de infográficos e mapas. Outro aspecto exigido refere-se às múltiplas formas utilizadas para a contestação dessas injustiças. A atuação dos movimentos sociais e a produção de espaços marcados por crises de forte tensão socioeconômica e política, em especial quando recebem grande repercussão na mídia, são comumente utilizadas como temas nas provas de Enem e nos vestibulares em geral.

Exemplo comentado de questão

(Enem – 2009)

Apesar do aumento da produção no campo e da integração entre a indústria e a agricultura, parte da população da América do Sul ainda sofre com a subalimentação, o que gera conflitos pela posse de terra que podem ser verificados em várias áreas e que frequentemente chegam a provocar mortes. Um dos fatores que explica a subalimentação na América do Sul é

a. a baixa inserção de sua agricultura no comércio mundial.

b. a quantidade insuficiente de mão de obra para o trabalho agrícola.

c. a presença de estruturas agrárias arcaicas formadas por latifúndios improdutivos.

d. a situação conflituosa vivida no campo, que impede o crescimento da produção agrícola.

e. os sistemas de cultivo mecanizado voltados para o abastecimento do mercado interno.

Comentário: A questão exige o reconhecimento das inter-relações entre diversos aspectos que produziram a situação destacada. São eles: a influência do processo histórico na configuração dos espaços rurais do mundo periférico, que, apesar de terem se modernizado parcialmente em alguns setores, na atualidade ainda são afetados pelas sequelas de estruturas fundiárias que remontam à época das *plantations* coloniais; a contextualização dos conflitos por terras que emergem nesse cenário; a integração da América Latina ao mercado produtivo mundial; e, como tema central, a questão das desigualdades sociais ainda marcantes, que se refletem na permanência do problema da subalimentação, que atinge milhões de pessoas no subcontinente. Qualquer desvio no raciocínio crítico em relação a cada um desses aspectos pode induzir opções incorretas entre as alternativas, já que os distratores foram elaborados de forma a ampliar ainda mais a abrangência da questão.

Gabarito: C.

Justificativa: A presença marcante da fome nos espaços rurais latino-americanos, bem como de estruturas fundiárias viciadas que possibilitam a permanência de latifúndios improdutivos, tem origem histórica. Está correta a alternativa **c**. A alternativa **a** está incorreta, pois a América Latina possui expressiva participação no comércio mundial de alimentos, com diversos de seus países tendo nas atividades agropecuárias o setor mais estratégico de sua economia. A alternativa **b** está incorreta, pois não existe a alegada falta de mão de obra e boa parte das culturas atualmente está mecanizada, dependendo menos da presença do trabalhador rural. A alternativa d está incorreta, pois a situação conflituosa é consequência dos problemas fundiários latino-americanos e não é causadora destes ou da miséria na região. Finalmente, a alternativa **e** está incorreta, pois a maior parte da agricultura comercial latino-americana que opera de forma mecanizada está voltada às exportações e não ao mercado interno.

Caderno de revisão

1. (Enem – 2011)

Na década de 1990, os movimentos sociais camponeses e as ONGs tiveram destaque, ao lado de outros sujeitos coletivos. Na sociedade brasileira, a ação dos movimentos sociais vem construindo lentamente um conjunto de práticas democráticas no interior das escolas, das comunidades, dos grupos organizados e na interface da sociedade civil com o Estado. O diálogo, o confronto e o conflito têm sido os motores no processo de construção democrática.

SOUZA, M. A. *Movimentos sociais no Brasil contemporâneo*: participação e possibilidades das práticas democráticas. Disponível em: http//www.ces.uc.pt. Acesso em: 30 abr. 2010 (adaptado).

Segundo o texto, os movimentos sociais contribuem para o processo de construção democrática, porque

a. determinam o papel do Estado nas transformações socioeconômicas.
b. aumentam o clima de tensão social na sociedade civil.
c. pressionam o Estado para o atendimento das demandas da sociedade.
d. privilegiam determinadas parcelas da sociedade em detrimento das demais.
e. propiciam a adoção de valores éticos pelos órgãos do Estado.

2. (UPE – 2014) De acordo com os resultados dos mapas apresentados a seguir, sobre o Índice de Desenvolvimento Humano Municipal (IDHM) do Brasil, analise os itens a seguir:

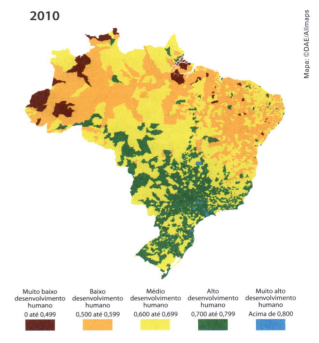

I. O IDHM é um índice divulgado pelo Programa das Nações Unidas para o Desenvolvimento (PNUD), composto pelo conjunto de três indicadores de desenvolvimento humano: a longevidade, a educação e a renda dos municípios.

II. Apesar da evolução do IDHM no Brasil, o Nordeste ainda tem 95% dos municípios na faixa de "muito baixo" desenvolvimento humano e a região Norte já apresenta 80% das cidades na classificação "alto" e "muito alto".

III. Em 20 anos, 85% dos municípios do Brasil saíram da faixa de "alto para o desenvolvimento humano" para "muito alto", segundo a classificação criada pelo PNUD. A categoria que mais encolheu entre as décadas de 1990 e 2010 foi a de "médio desenvolvimento".

IV. Os municípios das regiões brasileiras Sul e Sudeste estão concentrados, em sua maioria, na faixa de "alto desenvolvimento humano". No Centro-Oeste, os resultados ainda apresentam a maioria dos municípios na categoria "médio desenvolvimento".

Está correto o que se afirma em:
a. I, apenas.
b. II, apenas.
c. III e IV, apenas.
d. I e IV, apenas.
e. I, II, III e IV.

3. (Uneb-BA – 2014)

Lembranças de Makoko, uma das mais famigeradas comunidades de posseiros em Lagos, na Nigéria – metrópole presa entre a modernidade e a miséria. Com centenas de modos de transferência assíncronos (ATM, na sigla em inglês), recordes de centros de internet e milhões de telefones celulares, essa cidade agitada e congestionada com 8 milhões a 17 milhões de habitantes (dependendo de onde se traça a linha de contorno ou de quem faz a contagem) está conectada à grade global. Centro internacional de negócios empresariais e capital comercial do país mais populoso da África, Lagos atrai perto de 600 mil novos visitantes todos os anos. Mas a maioria dos bairros, mesmo alguns dos melhores, não dispõe de água encanada, saneamento básico e eletricidade. Makoko – parte sobre terra firme, parte flutuando sobre lagoas – é uma das comunidades mais carentes da megalópole.

Bairros como esse existem no mundo todo. [...] Quando os governos negam a essas comunidades o direito de existir, as pessoas demoram mais para melhorar suas casas. Quando as autoridades do Rio de Janeiro decretaram guerra às favelas nos anos 60, por exemplo, as pessoas temiam ser expulsas de suas casas, ou que estas fossem incendiadas e por isso não tinham pressa em melhorá-las. A maioria das favelas permaneceu primitiva – pouco diferentes das cabanas de barro e dos barracos de madeira de Mumbai e Nairóbi. Mas, quando os políticos perceberam a reação e passaram a se comprometer com as comunidades, elas começaram a proliferar sem controle.

(NEUWIRTH, 2013. p. 22-24-26).

Considerando as informações contidas no texto e os conhecimentos sobre a organização do espaço mundial, é correto afirmar:

a. As regiões onde a urbanização ainda é incipiente se restringem ao Sudeste Asiático.

b. A economia subterrânea, nas favelas, movimenta grandes capitais sem a interferência do Estado.

c. A proliferação das favelas nos hemisférios Norte e Sul saiu do controle dos órgãos governamentais, porque a explosão demográfica impede ações que sejam capazes de inibir a ocupação desordenada do solo.

d. A formação de mutirões possibilitou aos favelados a urbanização de espaços onde os centros comerciais e o comércio informal compartilham os lucros.

e. A informalidade do submundo econômico, nas favelas, é responsável pelo tráfico de drogas, pela violência e por demais mazelas das grandes cidades, ameaçando, assim, o desenvolvimento global.

4. (UFPR – 2014) Observe a tabela abaixo:

Países selecionados	População (2011)	PIB (2011)	Índice de Gini (2011)	Crescimento do PIB (2012)	IDH (2011)
Brasil	194 milhões	US$ 2,5 trilhões	0,539	1,5%	0,718 (alto)
China	1,34 bilhão	US$ 7,32 trilhões	0,474(*)	7,8%	0,687 (médio)
EUA	313,8 milhões	US$ 15,09 trilhões	0,450	2,2%	0,910 (muito alto)

(*) Dado para 2012.

Fonte: Revista *Época*. n. 756, 12 nov. 2012. Income inequality: Delta blues. *The Economist*, 23 jan. 2013. UNDP. *Human development report 2011*.

Com base na tabela e nos conhecimentos de Geografia, assinale a alternativa correta.

a. O índice de Gini revela que a tradição liberal dos EUA se reflete em uma desigualdade de renda mais elevada que a dos outros países selecionados.

b. A grande população da China torna difícil para esse país alcançar um IDH elevado devido aos custos dos sistemas de saúde e de educação.

c. Os EUA possuem o maior PIB em virtude do volume de suas exportações de alta tecnologia e das remessas de lucros de empresas multinacionais desse país para suas sedes.

d. Embora possua o segundo maior PIB, o elevado contingente populacional da China implica uma renda *per capita* baixa, refletida no seu nível de desenvolvimento humano.

e. A comparação entre Brasil e China mostra que o crescimento do PIB não tem efeito sobre o IDH porque esse índice é calculado com base nas estatísticas de saúde e de educação.

Caderno de revisão

TEMA 7 — DEMOGRAFIA

Muitos atribuem os atuais problemas do planeta à superpopulação. Isso é correto? Se sim, como a humanidade deve lidar com essa questão de forma ética, justa e eficiente? Se não – já que, como demonstra a charge, o planeta tem limites –, qual seria o contingente populacional máximo que a Terra poderia comportar sem o comprometimento de seus recursos?

O estudo da demografia é um dos mais estratégicos para a Geografia, considerando-se que esta tanto influencia as condições diversas em que se estruturam os espaços geográficos como é por elas influenciada. É preciso compreender como ocorre o desenvolvimento da dinâmica do crescimento populacional (entendendo as teorias demográficas), o que exige uma contextualização envolvendo diferentes tempos e espaços. O tema também aborda a caracterização dos contingentes populacionais, por meio de sua classificação etária e por gênero, possibilitando análises de impactos econômicos, como a reposição da população economicamente ativa pelo crescimento populacional vertical. A questão dos fluxos populacionais e dos movimentos migratórios, pela sua expressiva pertinência e sua atualidade, será abordada em um tema à parte. Essa divisão acaba sendo didaticamente ainda mais útil, tendo em vista a extensão do conteúdo da Geografia Populacional e o grande número de conceitos específicos de que trata, que possibilita múltiplas opções de exigência nas provas de Enem e vestibulares.

Principais conteúdos relacionados

Capítulo 17	As cidades e o fenômeno da urbanização
Capítulo 18	A dinâmica demográfica mundial da atualidade
Capítulo 19	A população brasileira
Capítulo 25	Modernização do campo brasileiro
Capítulo 26	Urbanização brasileira
Capítulo 35	Sociedade de consumo e meio ambiente global
Capítulo 37	Globalização, trabalho e desigualdades socioespaciais
Capítulo 38	Conflitos e tensões no mundo globalizado

▶ Como esse tema costuma aparecer no Enem e nos principais vestibulares?

Se incluirmos as questões que envolvem migrações e suas consequências (xenofobia, trocas culturais, impactos econômicos etc.), pode-se dizer que a Geografia da População chega a representar em torno de 20% das questões de boa parte dos exames de proficiência. No entanto, tomando-se apenas as questões específicas sobre as teorias populacionais, o crescimento populacional regional ou global e a dinâmica da caracterização dos aspectos populacionais das diversas sociedades, esse número se torna bem mais reduzido, muito embora sempre presente, em especial, nas provas de vestibular. É preciso atentar para a conceituação envolvida, que é extensa e pode facilmente confundir e prejudicar interpretações. O raciocínio sobre as situações apresentadas deve considerar o contexto socioeconômico envolvido, incluindo aspectos da dinâmica histórica. A interpretação das pirâmides etárias costuma ser exigida com frequência, assim como questões que envolvem aspectos culturais específicos que tenham adquirido notoriedade ou maior repercussão na mídia por algum fato relevante ocorrido na época. É fundamental ainda compreender de maneira crítica as implicações que envolvem o debate entre os neomalthusianos e seus opositores, já que esse pano de fundo permeia muitas controvérsias que envolvem as relações entre a população, a economia e a questão ambiental.

Exemplo comentado de questão

(Enem – 2012)

Composição da população residente urbana por sexo, segundo os grupos de idade – Brasil – 1991/2010:

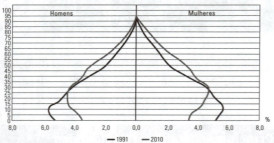

Composição da população residente rural por sexo, segundo os grupos de idade – Brasil – 1991/2010:

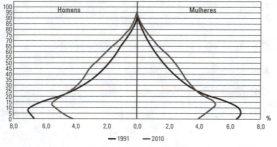

BRASIL. IBGE. *Censo demográfico 1991-2010.*

A interpretação e a correlação das figuras sobre a dinâmica demográfica brasileira demonstram um(a)

a. menor proporção de fecundidade na área urbana.

b. menor proporção de homens na área rural.

c. aumento da proporção de fecundidade na área rural.

d. queda da longevidade na área rural.

e. queda do número de idosos na área urbana.

Comentário: Essa é uma questão típica de interpretação de pirâmides etárias, tornada mais complexa por estabelecer comparativos entre períodos e locais distintos e pela elaboração relativamente confusa dos textos dos distratores. Além disso, neles estão presentes conceitos fundamentais de Geografia da População – fecundidade, longevidade – que precisam ser reconhecidos adequadamente. A análise requer conhecimentos tanto acerca da dinâmica demográfica brasileira quanto das diferenças socioeconômicas entre os espaços urbanos e rurais do país. Questões desse tipo podem estabelecer comparativos entre outros espaços mundiais ou períodos históricos específicos, além de envolverem outros conceitos da demografia em seu comando ou nos distratores.

Gabarito: A.

Justificativa: As áreas urbanas comumente tendem a apresentar condições mais dinâmicas de vida, envolvendo, entre outros aspectos, a luta pela inserção profissional nos mercados e o maior tempo despendido para o deslocamento até o local de trabalho, o que exige de seus habitantes a adequação a um ritmo mais intenso de vida do que o do campo. Isso contribui para que as taxas de fecundidade registradas nas grandes cidades – não apenas no Brasil – sejam em geral menores do que em ambientes rurais, entre outros fatores, por causa da tendência de haver melhores condições socioeconômicas para os habitantes urbanos do que para os rurais, o que também inibe a necessidade e o desejo de estabelecer famílias numerosas. Trata-se, enfim, de uma tendência fundamental da dinâmica demográfica. Está correta, portanto, a alternativa **a**. A alternativa **b** está incorreta, pois a pirâmide etária dos espaços rurais revela uma proporção ligeiramente maior de homens do que de mulheres. O distrator da alternativa **c** é complexo, pois será preciso estabelecer um comparativo entre as diferenças verificadas no espaço rural em relação às verificadas no urbano e, com isso, perceber que a proporção de fecundidade na área rural diminuiu, e não aumentou como afirmado. As alternativas **d** e **e**, mais simples, estão incorretas, pois os dois gráficos apresentados no suporte revelam a elevação da longevidade e do número de idosos.

▶ Outras questões para você praticar

1. (Enem – 2006) Nos últimos anos, ocorreu redução gradativa da taxa de crescimento populacional em quase todos os continentes. A seguir, são apresentados dados relativos aos países mais populosos em 2000 e também as projeções para 2050.

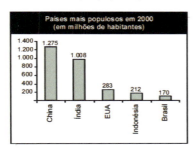

Com base nas informações dos gráficos mostrados, suponha que, no período 2050-2100, a taxa de crescimento populacional da Índia seja a mesma projetada para o período 2000-2050. Sendo assim, no início do século XXII, a população da Índia, em bilhões de habitantes, será

a. inferior a 2,0.
b. superior a 2,0 e inferior a 2,1.
c. superior a 2,1 e inferior a 2,2.
d. superior a 2,2 e inferior a 2,3.
e. superior a 2,3.

2. (UPE – 2014)

Tendências globais em fecundidade

A população mundial ultrapassou os 7 bilhões e está projetada para alcançar 9 bilhões até 2050. Em termos gerais, o crescimento populacional é maior nos países mais pobres, onde as preferências de fecundidade são mais altas, onde os governos carecem de recursos para atender à crescente demanda por serviços e infraestrutura, onde o crescimento dos empregos não está acompanhando o número de pessoas que entram para a força de trabalho e onde muitos grupos populacionais enfrentam grandes dificuldades no acesso à informação e aos serviços de planejamento familiar.

Fonte: Population Reference Bureau, 2011.

Com base no texto, é correto afirmar que:

a. as taxas de nascimento da população mundial têm declinado vagarosamente, contudo há grandes disparidades entre as regiões mais e menos desenvolvidas, como na África Subsaariana, onde as mulheres têm três vezes mais filhos, em média, que as das regiões mais desenvolvidas do mundo.

b. a pobreza, a desigualdade de gênero e as pressões sociais revelam acesso desigual aos meios de prevenção à gravidez, mas não são consideradas nos índices demográficos como indicadores da persistente alta da taxa de fecundidade no mundo em desenvolvimento.

c. o aumento do uso de contraceptivos é consideravelmente responsável pelo aumento das taxas de fecundidade nos países desenvolvidos. Globalmente, cerca de quatro mulheres escolarizadas, sexualmente ativas e na idade reprodutiva não adotam o planejamento familiar.

d. a taxa de fecundidade total é uma medida mais direta do nível de longevidade que a taxa bruta de natalidade, uma vez que se refere ao envelhecimento da população feminina. Esse indicador mostra o potencial das mudanças de gênero nos países.

e. uma média de cinco filhos por mulher é considerada a taxa de substituição de uma população, provocando uma relativa instabilidade em termos de números absolutos. Taxas acima de cinco filhos indicam população crescendo em tamanho cuja idade média está em ascensão.

3. (UEA-AM – 2014)

Especialista propõe redefinir conceito de idoso

Condições de vida e de saúde mudaram desde a criação do Estatuto do Idoso, que completa 10 anos em outubro

"A definição de população idosa ficou velha?" Quem levanta a questão é a demógrafa Ana Amélia Camarano, do Instituto de Pesquisa Econômica Aplicada (Ipea). Ela propõe redefinir o conceito na Lei nº 10.741/2003, o Estatuto do Idoso, que completa 10 anos em outubro e, há uma década, estipulou como população idosa, para diversos fins, quem tem 60 anos de idade ou mais. "Em 1994, a esperança de vida ao nascer da população brasileira foi estimada em 68,1 anos. Entre 1994 e 2011, este indicador aumentou 6 anos, alcançando 74,1. Isso tem sido acompanhado por uma melhoria das condições de saúde física, cognitiva e mental da população idosa, bem como de sua participação social. Em 2011, 57,2% dos homens de 60 a 64 anos participavam das atividades econômicas", destaca a pesquisadora.

(www.ipea.gov.br. Adaptado.)

A redefinição do conceito de idoso é uma proposta que responde às mudanças encontradas nos setores público e privado, diretamente associados com o aumento da expectativa de vida dos brasileiros. É característica que contribui para este cenário:

a. o exercício pleno da manipulação genética, selecionando desde a metade do século XX apenas os indivíduos portadores dos genes da longevidade.

b. a mudança no padrão de consumo do brasileiro, que a partir de 1994 eliminou o consumo de alimentos industrializados e incentivou a compra de artigos esportivos.

c. o estabelecimento de benefícios públicos, como a instituição de meia-entrada e o transporte público gratuito para a população idosa.

d. a dificuldade de uma aposentadoria segura, obrigando as pessoas a participarem das atividades econômicas até os 64 anos.

e. o acesso crescente a serviços de educação e saúde, condição que amplia as informações sobre o bem-estar da população e evita mortes precoces pela falta de tratamento.

4. (Unesp-SP – 2014)

A população de Londres, com 12% da população total do Reino Unido, exige uma pegada ecológica de 21 milhões de hectares ou, simplesmente, toda a terra produtiva do Reino Unido. Em Vancouver, no Canadá, constatou-se que a área exigida para manter o nível de vida da população corresponde a 174 vezes a área de sua própria jurisdição. Um habitante de uma cidade típica da América do Norte tem uma pegada ecológica de 461 hectares, enquanto na Índia a pegada ecológica per capita é de 45 hectares. Assim, o planeta sofre um impacto dez vezes maior quando nasce um bebê no primeiro mundo do que quando nasce um bebê na Índia, na China ou no Paquistão. Um malthusianismo cego, ainda hegemônico nas lides ambientalistas, está infelizmente muito mais preocupado com o controle da população na Índia do que com a injustiça ambiental que sustenta a injusta ordem de poder mundial.

(Rogério Haesbaert da Costa; Carlos Walter Porto-Gonçalves. *A nova des-ordem mundial*, 2005. Adaptado.)

No texto, os autores fazem uma crítica à abordagem malthusiana, que tende a considerar o tamanho da população como o fator principal do impacto sobre os recursos naturais existentes no planeta. Dessa forma, para se entender a atual "crise ambiental", outros fatores, também importantes, devem ser levados em consideração, a saber,

a. o tamanho dos territórios de cada país e a falta de conhecimento sobre a quantidade de recursos naturais de que cada população dispõe.

b. o baixo nível de renda das populações dos países desenvolvidos e seu reduzido grau de desenvolvimento tecnológico.

c. o modelo de desenvolvimento econômico adotado pelos países e os padrões de consumo difundidos em escala mundial.

d. o tamanho das populações dos países subdesenvolvidos e seu baixo nível de escolaridade.

e. o baixo desenvolvimento técnico-científico dos países e a ausência de conhecimentos sobre a finitude dos recursos naturais existentes no planeta.

5. (UFRN – 2012) Em uma aula de Geografia sobre a dinâmica da população brasileira, o professor apresentou dados do Censo Demográfico 2010. Segundo esses dados, o país atingiu um total de 190.755.799 habitantes, que se encontram distribuídos pelos seus 8.514.876,599 km², apresentando uma densidade demográfica média de 22,43hab./km². Para ilustrar as informações, o professor mostrou aos alunos os mapas a seguir:

Disponível em: <www.igbe.gov.br/home/estatistica/populacao/censo2010/tabelas_pdf/Brasil_tab_1_10.pdf>. Acesso em: 7 jun. 2011. (Adaptado)

Disponível em: <www.portaldosaofrancisco.com.br>. Acesso em: 7 jun. 2011. (Adaptado)

No decorrer da aula, a exposição sobre a dinâmica da população brasileira e a leitura dos mapas referentes à densidade demográfica e ao relevo do Brasil por regiões permitiram ao aluno concluir que

a. a população encontra-se distribuída de forma desigual pelo território, sendo a Região Sudeste, onde predominam planaltos, a que apresenta maior densidade demográfica, devido, entre outros fatores, ao dinamismo econômico e à capacidade de atrair migrantes.

b. os maiores índices de concentração da população ocorrem nas planícies localizadas no interior, onde se desenvolvem atividades do agronegócio que resultam, entre outros fatores, do processo de modernização agrícola.

c. a distribuição da população pelo território ocorre de forma desigual, sendo a Região Nordeste, onde predominam planícies, a que apresenta menor densidade demográfica, devido, entre outros fatores, ao processo de ocupação desde o Período Colonial.

d. os menores índices de concentração populacional ocorrem nos planaltos localizados na Zona Costeira, onde o processo de ocupação e o desenvolvimento econômico foram dificultados, entre outros fatores, pelas elevadas altitudes.

TEMA 8 GEOGRAFIA AGRÁRIA

Manifestantes do MST (Movimento dos Trabalhadores Rurais Sem Terra) entraram em confronto com policiais militares em frente ao Palácio do Planalto, sede do governo federal, em Brasília. Foto de 2014.

Reconhecidamente uma das grandes potências agrícolas globais, o Brasil também enfrenta contradições no campo, como a miséria e os conflitos pela terra, que são motivo de frequentes manifestações de movimentos sociais, como o MST. Isso poderia ser evitado? Por que a reforma agrária nunca foi feita? Até que ponto essa situação inibe o pleno sucesso socioeconômico do modelo agroexportador brasileiro?

Como foi proposto na reflexão acima, estudar os espaços rurais vai muito além de investigar quais são os resultados econômicos das atividades neles realizadas ou os principais produtos agrícolas de cada região. Alvo de intensa especulação imobiliária, o campo deveria estar estruturado para abrigar, além de outras atividades, tanto a produção agroindustrial de larga escala quanto os pequenos produtores de subsistência, oferecendo-lhes condições equitativas. No entanto, no Brasil e em muitos outros países – especialmente do mundo periférico –, não é isso o que acontece e os espaços rurais acabam espelhando de forma ainda mais explícita as diferenças socioeconômicas e a segregação espacial. Portanto, não é possível estudar a Geografia agrária sem considerar as relações de poder que permeiam os espaços rurais e as profundas relações que provocam repercussões dos problemas no campo em praticamente todos os aspectos da vida nacional. Por outro lado, também não se deve ignorar que os espaços rurais possuem outras atribuições econômicas que ganham força no mundo atual, como atividades ligadas ao turismo rural ou à preservação ambiental. Deve-se desvendar a dinâmica de todas as formas produtivas que se estruturam nos espaços agrários, destacando os principais espaços produtores nacionais e mundiais.

Principais conteúdos relacionados

Capítulo 20 Agropecuária moderna e sistemas agrícolas tradicionais

Capítulo 21 A fome e o mercado global de alimentos

Capítulo 22 Agronegócio e problemas ambientais no campo

Capítulo 25 Modernização do campo brasileiro

Capítulo 36 Degradação ambiental e mudanças ecológicas globais

▶ Como esse tema costuma aparecer no Enem e nos principais vestibulares?

Tanto no Enem como nos principais vestibulares do Brasil o tema dos conflitos fundiários tende a obter maior repercussão do que aqueles ligados apenas aos aspectos econômicos da produção. A interpretação de questões desse tipo exige o conhecimento histórico tanto sobre a origem desses problemas quanto sobre sua influência na vida dos grupos sociais envolvidos. Num período recente, os desafios enfrentados pelas populações camponesas têm dividido espaço com os das chamadas comunidades tradicionais (faxinalenses, quilombolas, indígenas etc.). São comuns as questões que envolvem o impacto de obras de grande porte (como a abertura de estradas ou a construção de hidrelétricas) sobre essas comunidades. Outros temas bastante recorrentes tratam das comparações entre diferentes técnicas de produção e entre modelos como a agricultura familiar e a não familiar no Brasil, que retratam, de certa forma, as contradições entre a produção camponesa e o agronegócio. É preciso saber diferenciar cada um desses conceitos, verificando também até que ponto eles podem ser confundidos, e reter informações suficientes para comparar suas virtudes e limitações. Em âmbito global, os temas preferidos são os diferentes sistemas utilizados, desde os mais empregados nos mundos desenvolvido e periférico até aqueles que revelam surpreendentes apropriações do espaço natural. Por outro lado, questões que exigem o reconhecimento dos principais produtos agropecuários dos grandes países produtores, que já foram muito comuns num passado recente, atualmente não estão entre as mais frequentes.

Exemplo comentado de questão

(Enem – 2009)

A luta pela terra no Brasil é marcada por diversos aspectos que chamam a atenção. Entre os aspectos positivos, destaca-se a perseverança dos movimentos do campesinato e, entre os aspectos negativos, a violência que manchou de sangue essa história. Os movimentos pela reforma agrária articularam-se por todo o território nacional, principalmente entre 1985 e 1996, e conseguiram de maneira expressiva a inserção desse tema nas discussões pelo acesso à terra. O mapa ao lado apresenta a distribuição dos conflitos agrários em todas as regiões do Brasil nesse período, e o número de mortes ocorridas nessas lutas.

OLIVEIRA, A. U. A longa marcha do campesinato brasileiro: movimentos sociais, conflitos e reforma agrária. *Revista Estudos Avançados*, v. 15 n. 43, São Paulo, set./dez. 2001.

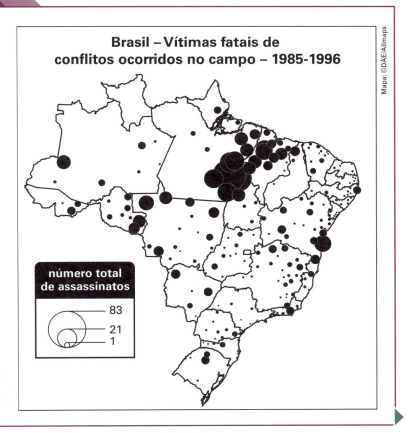

Brasil – Vítimas fatais de conflitos ocorridos no campo – 1985-1996

Com base nas informações do mapa acerca dos conflitos pela posse de terra no Brasil, a região:

a. conhecida historicamente como das Missões Jesuíticas é a de maior violência.

b. do Bico do Papagaio apresenta os números mais expressivos.

c. conhecida como oeste baiano tem o maior número de mortes.

d. do norte do Mato Grosso, área de expansão da agricultura mecanizada, é a mais violenta do país.

e. da Zona da Mata mineira teve o maior registro de mortes.

Comentário: Embora possa ser considerada uma questão fácil, já que alguém com bom embasamento para interpretação de mapas brasileiros poderia chegar à resposta correta por eliminação, essa questão tem o complicador de tratar especificamente do local que se tem destacado como o mais violento nos conflitos de terras no Brasil desde os anos 1990, e, assim, quem não estivesse familiarizado com essa informação poderia se confundir. Com isso, revela-se a necessidade de que os principais espaços de tensão no campo brasileiro sejam identificados, bem como sejam interpretadas a origem e as repercussões desses conflitos, regional e nacionalmente.

Gabarito: B.

Justificativa: O mapa apresentado como suporte demonstra que o mais elevado número de mortes nos conflitos rurais no período assinalado ocorreu na região da divisa entre os estados do Pará e do Tocantins, especialmente no entorno da porção norte desse último estado, conhecida como Bico do Papagaio. Está correta, portanto, a alternativa **b**. A alternativa **a** está incorreta, pois a região onde se situavam as principais Missões Jesuíticas no período do Brasil Colonial integra o atual Rio Grande do Sul e o mapa demonstra que lá o número de mortos em conflitos de terra é expressivamente inferior ao de outras regiões brasileiras. O mesmo vale para as alternativas **c** e **e**, também incorretas. Vale observar que, na alternativa **c**, a região da Bahia que teve maior número de mortes no período foi o sudeste, e não o oeste. Finalmente, a alternativa **d** também está incorreta, pois, embora tenha havido de fato uma grande expansão da agricultura mecanizada na região mencionada durante o período destacado, o mapa revela que lá o número de mortes em conflito é inferior ao do Bico do Papagaio e de suas adjacências.

▶ Outras questões para você praticar

1. (Enem – 2011)

No Estado de São Paulo, a mecanização da colheita da cana-de-açúcar tem sido induzida também pela legislação ambiental, que proíbe a realização de queimadas em áreas próximas aos centros urbanos. Na região de Ribeirão Preto, principal polo sucroalcooleiro do país, a mecanização da colheita já é realizada em 516 mil dos 1,3 milhão de hectares cultivados com cana-de-açúcar.

> BALSADI, O. et al. Transformações Tecnológicas e a força de trabalho na agricultura brasileira no período de 1990-2000. *Revista de economia agrícola*. V. 49 (1), 2002.

O texto aborda duas questões, uma ambiental e outra socioeconômica, que integram o processo de modernização da produção canavieira. Em torno da associação entre elas, uma mudança decorrente desse processo é a:

a. perda de nutrientes do solo devido à utilização constante de máquinas.

b. eficiência e racionalidade no plantio com maior produtividade na colheita.

c. ampliação da oferta de empregos nesse tipo de ambiente produtivo.

d. menor compactação do solo pelo uso de maquinário agrícola de porte.

e. poluição do ar pelo consumo de combustíveis fósseis pelas máquinas.

2. (UEL-PR – 2014) Leia o texto a seguir.

É possível identificar no Brasil vários municípios cuja urbanização se deve diretamente à expansão da fronteira agrícola moderna, formando cidades funcionais ao campo denominadas de "cidades do agronegócio".

> (Adaptado de: ELIAS, D.; PEQUENO, R. Desigualdades socioespaciais nas cidades do agronegócio. *Revista Brasileira de Estudos Urbanos e Regionais*. 2007. v. 9. n.1. p. 25-29.)

Caderno de revisão

Sobre a expansão da fronteira agrícola moderna e o surgimento das "cidades do agronegócio", assinale a alternativa correta:

a. A expansão da fronteira agrícola moderna e a criação das cidades do agronegócio ocorreram a partir de 1970, com a incorporação das terras do cerrado, impulsionada por políticas públicas voltadas à ocupação de terras e ao desenvolvimento local.

b. A fronteira agrícola moderna e o aparecimento das cidades do agronegócio estão associados às políticas do governo Vargas direcionadas à agricultura, com a criação, em 1951, do Sistema Nacional de Crédito Rural.

c. A fronteira agrícola moderna e o aparecimento das cidades do agronegócio ocorreram após investimentos dos Estados Unidos, na década de 1950, em território brasileiro, para produção destinada à exportação.

d. As cidades do agronegócio estão localizadas predominantemente no Paraná, Rio Grande do Sul e Santa Catarina, estados onde ocorreu a expansão da fronteira agrícola moderna a partir da década de 1960.

e. Por intermédio da expansão da fronteira agrícola moderna e da criação das cidades do agronegócio, a partir da década de 1950, houve uma difusão do meio técnico-científico-informacional em todo o território nacional.

3. (PUC-RS – 2014) Para responder à questão, analise o texto abaixo e as características de dois modelos de produção agrícola, numerando-as de acordo com a coluna da direita.

A questão agrária é entendida, atualmente, a partir de duas concepções sobre o destino da produção e o modo de vida no campo, que refletem diferentes modelos agrícolas e de desenvolvimento: o do campesinato e o do agronegócio.

Características:

( ) Controle centralizado da produção, do processamento e do mercado.

( ) Uso da ciência e da tecnologia na produção.

( ) Ênfase em uma abordagem holística da produção.

( ) Ênfase na produção para grandes mercados.

( ) Ênfase nos métodos tradicionais de produção.

Modelos de produção:

1. campesinato   2. agronegócio

A correta numeração da coluna da esquerda, de cima para baixo, é:

a. 2–2–2–1–1

b. 2–2–1–2–1

c. 2–1–2–1–2

d. 1–1–1–2–2

e. 1–1–2–1–2

4. (UFJF-MG – 2009) Leia o fragmento de texto a seguir:

A produção avícola é hoje ainda mais semelhante a uma operação fabril. [...] Algumas das grandes empresas de alimentos, como a Ralston Purina, a Cargill e a Allied Mills, são responsáveis por gigantescas instalações aviárias que processam dezenas de milhares de galinhas por dia. Como na organização fabril, as chaves dessa produção são a procriação especial, alimentação intensiva enriquecida, estímulos químicos (hormônios) e o controle de doenças. [...] O alimento passa na frente das galinhas imóveis, numa correia transportadora, enquanto ovos e excrementos são removidos em outras correias. A iluminação artificial supera o ciclo diário natural e mantém as galinhas em postura constante.

IANNI, Octavio. *A era do globalismo*. São Paulo: Civilização Brasileira, 1996. p.47-48.

O exemplo apresentado por Ianni refere-se ao desenvolvimento de uma agropecuária de forma intensiva. Assinale a alternativa que apresenta corretamente os itens responsáveis por esta classificação.

a. Capitalização e produtividade da área.

b. Mercado consumidor e produção total.

c. Predominância do fator trabalho e terra.

d. Regime de propriedade vigente e trabalho.

e. Utilização abundante de terras e energia.

Geografia agrária **Tema 8** 43

5. (PUC-SP – 2014) Observe com atenção o mapa e os gráficos a seguir para responder.

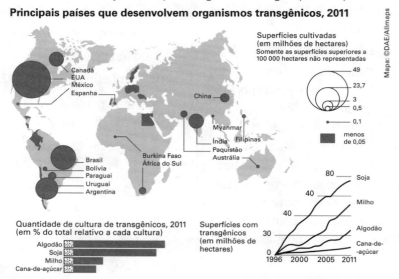

Fonte: Serviço Internacional para a incorporação de Aplicações Agro-biotecnológicas (ISAAA). www.Isaaa.org

O tema representado em escala mundial permite-nos ver que

a. a agricultura que faz uso de transgênicos se desenvolve nos países ricos, já que nem os ditos emergentes têm condições de bancar essa tecnologia.
b. as áreas que se destacam com a produção de transgênicos não coincidem com aquelas que realmente são as grandes produtoras agrícolas do planeta.
c. os países com grandes territórios destinados ao plantio e com tradição de grande produtor agrícola comercial são os que mais fazem uso de transgênicos.
d. ainda não se criaram plantios transgênicos que se adaptem bem aos climas tropicais, como fica evidente observando-se os dados mundiais espacializados.
e. os transgênicos são cultivados em terras agrícolas já exauridas pelo plantio tradicional, não sendo adequados para novas terras agrícolas.

6. (Fuvest-SP – 2012) Há mais de 40 anos, a Lei nº 4.771, de 15 de setembro de 1965, conhecida como Código Florestal, estabeleceu no seu Artigo 1º: "As florestas existentes no território nacional e as demais formas de vegetação, reconhecidas de utilidade às terras que revestem, são bens de interesse comum a todos os habitantes do País, exercendo-se os direitos de propriedade, com as limitações que a legislação em geral e especialmente esta Lei estabelecem".

Em pesquisa realizada pelo Instituto Datafolha, em junho de 2011, para saber a opinião do cidadão brasileiro sobre a proposta de mudanças no Código Florestal, 85% dos entrevistados optaram por "priorizar a proteção das florestas e dos rios, mesmo que, em alguns casos, isto prejudique a produção agropecuária"; para 10%, deve-se "priorizar a produção agropecuária mesmo que, em alguns casos, isto prejudique a proteção das florestas e dos rios"; 5% não sabem.

a. O Artigo 1º da Lei nº 4.771 indica a existência de um conflito, de natureza social, que justifica a necessidade da norma legal. Que conflito é esse? Explique.

_____
_____
_____

b. Analise os resultados da pesquisa feita pelo Instituto Datafolha, acima expostos, relacionando-os com o Artigo 1º da Lei nº 4.771.

_____
_____
_____

TEMA 9
GEOGRAFIA AMBIENTAL

Urso polar em Hinlopen Stretet, Svalbard. 2015.

A imagem de um urso polar desnutrido simboliza um dos dramas de nossa época: até que ponto o ser humano é responsável pelas mudanças climáticas que estão em curso na Terra? Até quando conseguiremos sobreviver como espécie no planeta sem nos curvarmos à premissa básica da sustentabilidade? Quais são as implicações morais, econômicas, sociais e ambientais disso e como elas se refletem nos espaços geográficos?

Talvez o maior desafio da humanidade no século XXI seja encontrar melhor equilíbrio entre nossa civilização e o planeta em que vivemos. Cientistas alertam para os riscos da opção de grande parte da população mundial por um estilo insustentável de vida, que incluem possibilidades dramáticas, como as vinculadas às mudanças climáticas e à extinção em massa de espécies. Trata-se de um debate difícil, tendo em vista as estruturas de poder vigentes e a mentalidade consumista de boa parte das sociedades mundiais, enraizada por meio da busca frenética por crescimento econômico a qualquer custo e pela expansão ilimitada, estruturalmente inerente ao modo de produção capitalista. Nesse sentido, emerge cada dia mais forte a contradição entre setores sociais que clamam por mudanças e investem em técnicas mais adequadas para a produção de bens de consumo e em novos estilos de vida sustentável, e aqueles que ainda resistem, presos ao paradigma destrutivo e irresponsável que vigorou nos últimos séculos. Cada aspecto da vida e da produção humana, na atualidade, é refém desse debate, que assim se tornou um dos temas transversais mais importantes no meio acadêmico. Como tudo isso se reflete nos espaços geográficos, cabe à Geografia contribuir decisivamente para a melhor compreensão dessas contradições e para a busca de soluções para esse impasse.

Principais conteúdos relacionados

Capítulo 07	A biosfera: interação e dinâmica do planeta
Capítulo 10	As mudanças climáticas e as paisagens geográficas
Capítulo 11	A dinâmica hidrológica e litosférica
Capítulo 12	A água nos oceanos
Capítulo 21	A fome e o mercado global de alimentos
Capítulo 22	Agronegócio e problemas ambientais no campo
Capítulo 35	Sociedade de consumo e meio ambiente global
Capítulo 36	Degradação ambiental e mudanças ecológicas globais
Capítulo 38	Conflitos e tensões no mundo globalizado

▶ Como esse tema costuma aparecer no Enem e nos principais vestibulares?

Ao lado da Geografia Econômica em geral, a temática ambiental é uma das mais presentes em provas de Enem, além de aparecer em proporção expressiva nos principais vestibulares do país – até mesmo em questões relativas a outras disciplinas, não somente à Geografia. A forma como o tema surge, no entanto, pode variar muito, já que existem múltiplas vertentes de análise, que passam pelos efeitos decorrentes da poluição atmosférica (mudanças climáticas, chuva ácida, buraco na camada de ozônio), abrangem a grave questão do acesso à água potável (que será tratada em um tema à parte) e destacam a degradação dos ecossistemas (desmatamento, desertificação, arenização). Além de transitar eficientemente por todos esses temas, sabendo-se até estabelecer relações entre eles e perceber suas influências em outros aspectos geográficos, é preciso atentar para os grandes eventos associados a essa temática que ocorrem a cada ano: furacões, grandes enchentes ou secas, contaminações ambientais etc. Em relação ao Brasil, há temas que aparecem de forma recorrente: os deslizamentos de encostas; os impactos das ações humanas no sistema amazônico; a contaminação de solos, alimentos e águas por agrotóxicos; e a dinâmica das atividades erosivas provocadas por ações antrópicas (com destaque especial para o domínio morfoclimático do cerrado). Também são comuns as questões que envolvem a ecologia das metrópoles, mas elas já foram incluídas no capítulo sobre a Geografia Urbana. Vale ainda destacar a expressiva quantidade de questões que envolvem os investimentos em novas tecnologias sustentáveis, especialmente quanto à produção de energia.

Exemplo comentado de questão

(Enem – 2012)

A maior parte dos veículos de transporte atualmente é movida por motores a combustão que utilizam derivados de petróleo. Por causa disso, esse setor é o maior consumidor de petróleo do mundo, com altas taxas de crescimento ao longo do tempo. Enquanto outros setores têm obtido bons resultados na redução do consumo, os transportes tendem a concentrar ainda mais o uso de derivados do óleo.

MURTA, A. *Energia*: o vício da civilização. Rio de Janeiro: Garamond, 2011 (adaptado).

Um impacto ambiental da tecnologia mais empregada pelo setor de transportes e uma medida para promover a redução de seu uso estão indicados, respectivamente, em

a. Aumento da poluição sonora – construção de barreiras acústicas.

b. Incidência da chuva ácida – estatização da indústria automobilística.

c. Derretimento das calotas polares – incentivo aos transportes de massa.

d. Propagação de doenças respiratórias – distribuição de medicamentos gratuitos.

e. Elevação das temperaturas médias – criminalização da emissão de gás carbônico.

Comentário: Esse é um exemplo de questão que abarca diversos aspectos da temática ambiental. O texto incidental trata criticamente da questão do uso do petróleo nos sistemas de transporte. O comando da questão indica que há algum impacto ambiental decorrente dessa tecnologia, abrindo oportunidade para diversas derivações, que são exploradas nos distratores. Além disso, inclui o questionamento sobre medidas coerentes e eficazes para o enfrentamento do problema apresentado, o que obriga a um aprofundamento ainda maior da reflexão sobre o tema. Isso torna a questão bastante abrangente, já que boa parte dos distratores apresenta efeitos corretamente associados à poluição pela queima de combustíveis fósseis. No entanto, não se deve perder de foco o tema central apresentado, que trata de técnicas usadas nos sistemas de transporte. Desviar-se desse tema é bastante fácil por causa da boa qualidade dos distratores, o que torna a questão complexa.

Gabarito C.

Justificativa: Embora até haja coerência em afirmar que a poluição sonora é um dos efeitos do aumento da frota automobilística, a alternativa **a** está incorreta, pois, além de esse aspecto não ser o mais importante nem estar totalmente associado ao uso de derivados de petróleo, como destaca o texto usado como suporte, não é razoável imaginar que a construção de barreiras acústicas seja uma solução viável e eficiente para o problema. A alternativa **b** também apresenta corretamente uma das consequências mais reconhecidas da queima de combustíveis fósseis, mas está incorreta na medida apresentada para a superação do problema, visto que de nada adiantaria estatizar a frota automobilística, se ela continuasse utilizando derivados de petróleo como combustível. A alternativa **d**, mais uma vez, aponta um efeito da poluição decorrente dos transportes que usam combustíveis fósseis, mas a solução sugerida seria apenas um paliativo, sem atingir o âmago do problema. Além disso, o enunciado indica impactos ambientais, e não humanos: essa resposta, portanto, está incorreta. A alternativa **e** novamente expõe um efeito colateral associado à poluição, que se manifesta tanto na formação de ilhas de calor em espaços restritos como nas mudanças climáticas em âmbito global. No entanto, novamente a solução apresentada não é razoável, visto que a humanidade está muito distante de adotar medidas radicais como a sugerida. A alternativa correta é a **c**, já que o aquecimento global está associado à concentração de CO^2 na atmosfera, que, por sua vez, tem como uma de suas origens a queima de derivados de petróleo pelos veículos automotores. Nesse sentido, é razoável que se busque incentivar o uso de transportes públicos e de massa (trens, ônibus etc.) em vez de promover o uso do automóvel particular.

▶ Outras questões para você praticar

1. (Enem – 2013)

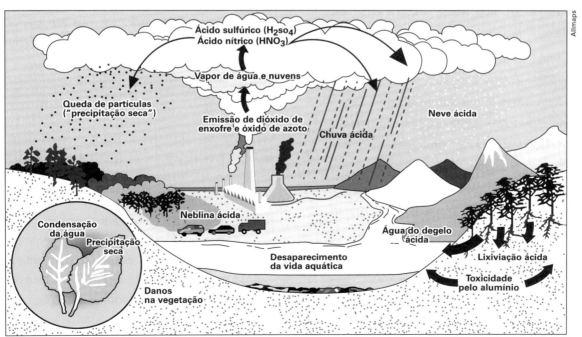

Disponível em: <hhtp://ig.com.br>. Acesso em: 23 ago. 2011 (adaptado).

No esquema, o problema atmosférico relacionado ao ciclo da água acentuou-se após as revoluções industriais. Uma consequência direta desse problema está na

a. redução da flora.
b. elevação das marés.
c. erosão das encostas.
d. laterização dos solos.
e. fragmentação das rochas.

2. (UFSM-RS – 2014)

A charge satiriza a dicotomia: evolução tecnológica × lixo eletrônico. Nesse sentido, é correto afirmar:

I. No Brasil, a Política Nacional de Resíduos Sólidos (PNRS) institui a logística reversa, obrigando fabricantes, importadores, distribuidores e vendedores a coletarem esses lixos e a darem o melhor destino a eles, uma vez descartados pelos consumidores.

II. A evolução tecnológica cria equipamentos que facilitam a vida moderna; no entanto, na atualidade, estamos "engolidos" pelo lixo eletrônico gerado a partir desses símbolos da nossa própria evolução, uma vez que estão sendo inadequadamente descartados, causando problemas ambientais.

III. Em nível mundial, o Brasil está entre os países signatários da convenção de Basileia, que regulamenta o movimento transfronteiriço de resíduos tóxicos, entre eles os resíduos eletrônicos.

Está(ão) correta(s):

a. apenas I.
b. apenas I e II.
c. apenas III.
d. apenas II e III.
e. I, II e III.

3. (IFSC – 2014)

Rio+20 aprova texto sem definir objetivos de sustentabilidade

Os 188 países participantes da Conferência da ONU sobre Desenvolvimento Sustentável adotaram oficialmente o documento intitulado "O futuro que queremos", nesta sexta-feira (22).

O propósito da Rio+20 era formular um plano para que a humanidade se desenvolvesse de modo a garantir vida digna a todas as pessoas, administrando os recursos naturais para que as gerações futuras não fossem prejudicadas.

Uma das expectativas era de que a reunião conseguisse determinar metas de desenvolvimento sustentável em diferentes áreas, mas isso não foi atingido. O documento apenas cita que eles devem ser criados para adoção a partir de 2015.

Disponível em: http://g1.globo.com/natureza/rio20/ noticia/2012/06/rio20-termina-sem-definir-objetivos-de- desenvolvimento-sustentavel.html. Acesso: 25 maio 2013.

A respeito das conferências e dos acordos internacionais da área ambiental, assinale a soma da(s) proposição(ões) correta(s).

01. Formulado na década de 1990, o Protocolo de Quioto passou a vigorar apenas a partir de 2005, quando a Rússia aderiu aos seus termos. Essa demora se deveu principalmente à posição dos Estados Unidos, que se recusaram a aderir ao acordo sob alegação de que sua economia seria prejudicada.

02. A Conferência da ONU sobre Desenvolvimento Sustentável foi também denominada como Rio+20, por ser o primeiro evento sobre meio ambiente realizado após a Eco-92, que também ocorreu no Rio de Janeiro.

04. No ano de 2002, a Conferência Mundial sobre Desenvolvimento Sustentável foi realizada em Joanesburgo, na África do Sul. Conhecida como Rio+10, essa reunião foi marcada pela forte tensão dos blocos capitalista e socialista.

08. Durante a década de 1990, formulou-se o Protocolo de Quioto, que visava a reduzir a emissão de gases responsáveis pelo efeito estufa.

16. A Agenda 21, principal documento aprovado no Rio de Janeiro durante a Eco-92, recebeu duras críticas por responsabilizar unicamente os países pobres pela emissão de gases causadores do efeito estufa.

32. O impasse registrado nas conferências sobre meio ambiente e desenvolvimento sustentável deve-se principalmente à disputa de hegemonia entre Estados Unidos e os países da União Europeia, principais antagonistas das discussões realizadas.

4. (UCS-RS– 2013)

A Amazônia ocupa uma área de mais de 6,5 milhões de km², na parte norte da América do Sul, abrangendo nove países: Brasil, Venezuela, Colômbia, Peru, Bolívia, Equador, Suriname, Guiana e Guiana Francesa. Em toda a região amazônica, calcula-se que cerca de 26.000 km² são desmatados todos os anos. Uma pesquisa da revista *Science* alerta que, até 2050, poderá ocorrer a extinção de cerca de 80% das espécies de vertebrados, em áreas que sofreram desmatamento.

FARIA, C. *Desmatamento da Amazônia*. Disponível em: <http://www.infoescola.com/geografia/desmatamento-da-amazonia.>. Acesso em: 22 out. 2012. WEARN, O. R.; REUMAN, D. C.; EVERS, R. M. Extinction Debt and Windows of Conservation Opportunity in the Brazilian Amazon. *Science*, v. 337, n. 6091, p. 228-232, 13 July 2012.

Analise as afirmativas abaixo, relacionadas ao processo de desmatamento.

I. A menor evapotranspiração diminui os índices pluviométricos. Estima-se que metade das chuvas que ocorrem nas florestas tropicais são resultantes da evapotranspiração, ou seja, da troca de água da floresta com a atmosfera.

II. Boa parte da energia solar é absorvida pelas florestas para os processos de fotossíntese e evapotranspiração. Sem a floresta, com o solo exposto, quase toda essa energia seria devolvida para a atmosfera em forma de calor, o que elevaria as temperaturas médias.

III. O aumento do processo erosivo leva a um empobrecimento dos solos, como resultado da retirada de sua camada superficial. Isso, muitas vezes, acaba inviabilizando a agricultura.

Das afirmativas acima,

a. apenas I está correta.

b. apenas II está correta.

c. apenas III está correta.

d. apenas I e II estão corretas.

e. I, II e III estão corretas.

5. (UFBA – 2012)

A antiga lenda grega de Pandora e da caixa que abriu libertando as pragas e desastres é um mito que podemos evocar na atualidade. Dessa forma, em uma aplicação do mito da caixa de Pandora, o desenvolvimento técnico-científico, médico e militar atual parece ter desencadeado forças de consequências perigosas que se voltam contra nós.

Já temos sinais evidentes de advertência dados pelo ambiente global: terras cultiváveis estão sendo envenenadas por produtos químicos, o ar das grandes cidades é perigoso para respirar; florestas são derrubadas, rios e lagos estão cada vez mais

Geografia ambiental **Tema 9** 49

poluídos por despejos de resíduos químicos. As vastas quantidades de poluentes que entram no oceano, quase um milhão de substâncias tóxicas, estão envenenando a vida marinha, especialmente as diatomáceas que absorvem o dióxido de carbono e produzem oxigênio.

MORAES, 2011, p. 168

Com base nas informações do texto e nos conhecimentos sobre os grandes problemas ambientais ocorridos no mundo contemporâneo, pode-se afirmar:

01. O assoreamento dos rios e das nascentes é um problema causado pela perda do solo, pois a remoção da mata ciliar faz com que as águas pluviais carreguem maior quantidade de sedimentos para os leitos fluviais, reduzindo, assim, a vazão e a profundidade dos canais de drenagem.

02. A poluição do ar nas grandes cidades localizadas em fundo de vales, como a Cidade do México, agrava-se substancialmente, sobretudo durante o verão, uma vez que o ar mais aquecido favorece o aprisionamento dos poluentes em suspensão, concentrando-os nos níveis mais altos da atmosfera.

04. O mar de Aral, localizado no extremo norte da Ásia, representa, na atualidade, um símbolo de preservação ambiental, no tocante ao uso de suas águas, pois conseguiu manter, ao longo das últimas décadas, a extensão original de sua área geográfica, sem alterar a salinidade.

08. A silvicultura representa um agente modificador das florestas tropicais, uma vez que essa atividade substitui a mata original por outros tipos de árvores plantadas de forma homogênea, visando a atender, dentre outras, a produção de celulose.

16. Os grandes centros urbanos vêm apresentando, cada vez mais, uma redução das áreas verdes e um contínuo aumento da permeabilidade dos solos, dificultando o escoamento superficial e ocasionando uma diminuição do lençol subterrâneo.

32. Os oceanos recebem uma quantidade muito grande de poluentes, sobretudo nas desembocaduras dos canais fluviais, seja por descarga deliberada e transportada, seja por condições de arraste natural ou ainda por canais efluentes, comprometendo a qualidade das praias e a estrutura dos corais.

64. O processo de desertificação que vem se alastrando no sudeste do Rio Grande do Sul advém de fatores climáticos associados ao uso intensivo do solo agrícola para produção de cereais, em terrenos de estrutura geológica cristalina, gerando uma verdadeira degradação ambiental denominada de "arenização".

TEMA 10
GEOGRAFIA ECONÔMICA E MUNDO DO TRABALHO

Litografia de Alphonse Douseau. Leeds. c.1840.

Desde a Revolução Industrial, a capacidade produtiva da humanidade aumentou exponencialmente. Até que ponto, mesmo desfrutando, hoje em dia, das comodidades de tantas máquinas e tecnologias, ainda somos escravos de necessidades crescentes? Quais são as contradições desse processo? Afinal, o trabalho humano representa um meio para vivermos melhor ou um fim em si mesmo?

Produzir bens que tornem a vida mais fácil e confortável é, desde a Antiguidade, um dos principais desafios para as sociedades. O trabalho e as tecnologias envolvidos nesse processo passam por inúmeras transformações e, em especial após a industrialização, evoluíram de maneira vertiginosa. Para atender a essa demanda contínua, a natureza representa nossa fonte maior de recursos e os espaços mundiais são expressivamente transformados. O funcionamento das sociedades está diretamente associado às suas formas produtivas e à maneira como se organizam os diversos atores sociais para se adequar a elas. Nesse sentido, cabe à Geografia econômica investigar tanto os cenários do passado que se impuseram como determinantes de situações observadas hoje em dia quanto desvendar como a incorporação de cada nova técnica influencia os espaços geográficos e as relações humanas envolvidas. Entre elas destacam-se as implicações no mundo do trabalho. Este está sempre em desequilíbrio dinâmico em relação à evolução técnico-industrial da humanidade. As relações que se estabelecem entre os diversos elementos envolvidos – produção, trabalho, matérias-primas, mercados etc. – são complexas e criam, já há algum tempo, a sensação de que a economia é a mola que move o mundo. Desvendar essas relações e os efeitos que elas provocam nas sociedades não é tarefa simples. Neste momento, serão mais enfatizadas a evolução e a espacialidade das formas tradicionais de produção, já que as transformações decorrentes das novas tecnologias do mundo globalizado serão tratadas em um capítulo à parte.

Principais conteúdos relacionados

Capítulo 15	A natureza, o trabalho e a atividade industrial
Capítulo 16	As fontes de energia e sua importância no mundo atual
Capítulo 17	As cidades e o fenômeno da urbanização
Capítulo 18	A dinâmica demográfica mundial na atualidade
Capítulo 19	A população brasileira
Capítulo 20	Agropecuária moderna e sistemas agrícolas tradicionais
Capítulo 21	A fome, e o mercado global de alimentos
Capítulo 22	Agronegócio e problemas ambientais no campo
Capítulo 24	Capital, Estado e atividade industrial no Brasil
Capítulo 25	Modernização do campo brasileiro
Capítulo 32	Capitalismo, espaço geográfico e globalização
Capítulo 33	O comércio mundial e os blocos econômicos
Capítulo 34	Os fluxos na rede global de negócios
Capítulo 37	Globalização, trabalho e desigualdades socioespaciais

Como esse tema costuma aparecer no Enem e nos principais vestibulares?

As questões de Geografia econômica estão entre as duas modalidades (em conjunto com a temática ambientalista) que mais aparecem nas provas do Enem. Nos vestibulares, embora sempre estejam presentes, sua proporção é menos expressiva. Uma das principais razões para isso é que a prova do Enem referente às Ciências Humanas e suas Tecnologias, como se sabe, abarca conteúdos de História, Filosofia e Sociologia, além da Geografia, e esse tema permite a elaboração de muitas questões de caráter transversal e multidisciplinar, cobrando conhecimentos em mais de uma dessas áreas. É fundamental, portanto, reconhecer as diferentes etapas da industrialização, analisando cada uma delas de forma contextual e relacionada. No entanto, convém lembrar que a apropriação de tecnologias não é uniforme no planeta, o que exige saber comparar contextos, épocas e espaços distintos. Muitas questões, aliás, tendem a explorar tais diferenças. É importante atentar para o caso do bloco econômico Brics (especialmente para a economia da China), integrado pelo Brasil, que inclui os mais destacados países emergentes da atualidade. Os principais mecanismos que atuam nos sistemas produtivos e financeiros globais, os indicadores criados para mensurar a riqueza e os desafios associados à empregabilidade são temas mundiais recorrentes. No caso específico do Brasil, é preciso transitar com domínio por aspectos que vão desde suas potencialidades econômicas até as características de sua industrialização, incluindo movimentos de concentração e dispersão das atividades produtivas. Também são muito comuns as questões que associam esse tema com outros específicos da Geografia, como questões populacionais, ambientais, físicas, agrárias, urbanas e sociais.

Exemplo comentado de questão

(Enem – 2010)

A poluição e outras ofensas ambientais ainda não tinham esse nome, mas já eram largamente notadas no século XIX, nas grandes cidades inglesas e continentais. E a própria chegada ao campo das estradas de ferro suscitou protestos. A reação antimaquinista, protagonizada pelos diversos luddismos, antecipa a batalha atual dos ambientalistas. Esse era, então, o combate social contra os miasmas urbanos.

SANTOS, M. *A natureza do espaço: técnica e tempo, razão e emoção*. São Paulo: Edusp, 2002 (adaptado).

O crescente desenvolvimento técnico-produtivo impõe modificações na paisagem e nos objetos culturais vivenciados pelas sociedades. De acordo com o texto, pode-se dizer que tais movimentos sociais emergiram e se expressaram por meio

a. das ideologias conservacionistas, com milhares de adeptos no meio urbano.

b. das políticas governamentais de preservação dos objetos naturais e culturais.

c. das teorias sobre a necessidade de harmonização entre técnica e natureza.

d. dos boicotes aos produtos das empresas exploradoras e poluentes.

e. da contestação à degradação do trabalho, das tradições e da natureza.

Comentário: O Enem comumente faz uso de textos de grandes intelectuais da Geografia, como Milton Santos. A questão explora o reconhecimento das tensões sociais desencadeadas pelas transformações no espaço a partir da industrialização. O texto indicado como suporte estabelece uma relação entre as mobilizações críticas dos habitantes afetados pelo início da industrialização e a atuação dos movimentos ambientalistas da atualidade, demonstrando que o teor crítico, acerca das contradições de um mundo que se voltava à produção a qualquer custo, já estava presente naquela época. É importante perceber que o comando da questão não apenas utiliza o tema apresentado no texto-suporte, como vai além dele, envolvendo a temática cultural e exigindo, subliminarmente,

52 **Caderno de revisão**

o domínio do conceito de paisagem. O ponto negativo fica por conta dos distratores, que, apesar do uso de expressões e conceitos aparentemente complexos — que, em princípio, parecem dificultar a questão —, são facilmente reconhecíveis, simplificando o reconhecimento da alternativa correta.

Gabarito: E

Justificativa: O texto apresentado como suporte destaca a contestação aos efeitos da industrialização no período inicial da Revolução Industrial. O tema ambiental está explícito no texto citado na questão. A temática cultural foi introduzida no comando da questão e é necessário reconhecer o quanto o mundo do trabalho também foi afetado, despertando reações contrárias ao que era imposto aos trabalhadores. Está correta, portanto, a alternativa **e**. A alternativa **a** está incorreta, pois o texto-suporte não especifica que tais movimentos conservadores fossem majoritariamente urbanos — o que, aliás, não é verdadeiro, já que a industrialização tinha entre seus principais protagonistas e incentivadores os habitantes das cidades. A alternativa **b** está incorreta, pois àquela época eram muito raras as iniciativas governamentais para as formas de preservação nela destacadas, uma vez que os estados estavam comprometidos com a industrialização a qualquer preço. A alternativa **c** está incorreta, pois tais teorias só ganharam notoriedade num período muito posterior ao destacado. Por último, a alternativa **d** está incorreta, pois não há nenhuma referência no enunciado da questão a tais ações, que também só passaram a ser desenvolvidas efetivamente no final do século XX.

▶ Outras questões para você praticar

1. (Enem – 2009)

CIATTONI, A. Géographie. *L'espace mondial.*
Paris: Hatier, 2008 (adaptado).

A partir do mapa apresentado, é possível inferir que nas últimas décadas do século XX registraram-se processos que resultaram em transformações na distribuição das atividades econômicas e da população sobre o território brasileiro, com reflexos no PIB por habitante. Assim,

a. as desigualdades econômicas existentes entre regiões brasileiras desapareceram, tendo em vista a modernização tecnológica e o crescimento vivido pelo país.

b. os novos fluxos migratórios instaurados em direção ao Norte e ao Centro-Oeste do país prejudicaram o desenvolvimento socioeconômico dessas regiões, incapazes de atender ao crescimento da demanda por postos de trabalho.

c. o Sudeste brasileiro deixou de ser a região com o maior PIB industrial a partir do processo de desconcentração espacial do setor, em direção a outras regiões do país.

d. o avanço da fronteira econômica sobre os estados da Região Norte e do Centro-Oeste resultou no desenvolvimento e na introdução de novas atividades econômicas, tanto nos setores primário e secundário como no terciário.

e. o Nordeste tem vivido, ao contrário do restante do país, um período de retração econômica, como consequência da falta de investimentos no setor industrial com base na moderna tecnologia.

2. (UPM-SP – 2013) Na segunda metade do século XX, o mundo passou a conviver com a chamada "Terceira Revolução Industrial", fenômeno decorrente da alteração dos meios de produção, em função dos avanços tecnológicos, resultando uma nova plasticidade da dinâmica capitalista. A respeito da denominada "Terceira Revolução Industrial", sua definição, características e implicações nas relações políticas e sociais, analise as afirmações a seguir.

I. Trata-se da consolidação da "Segunda Revolução Industrial", caracterizada pelo grande investimento e implementação de novas tecnologias, notadamente por fazer cessar o processo de obsolescência de tecnologias verificado no estágio antecedente.

II. As contínuas e expressivas transformações tecnológicas desta nova realidade têm determinado maciços investimentos na área de capacitação de pessoal em um processo de demanda contínua por mão de obra cada vez mais qualificada.

III. Ocorre em substituição ao esgotamento do sistema fordista, conservando, entretanto, o conceito de produção em série, já que é a única maneira possível de atender a um aumento de demanda sempre crescente em função da globalização da economia.

IV. Processo que culminou com expressivos investimentos em pesquisa tecnológica, oferta de incentivos fiscais e de um reordenamento econômico assentado nos ideais de competitividade, redução de custos de produção e distribuição para um mercado cada vez mais global.

V. Determinou a adoção de uma produção mais flexível, visando atender a mercados específicos com bens particularizados e, em consequência, na reorganização do espaço industrial. A instalação de unidades industriais em determinada localidade fica vinculada, além de outros aspectos, à localização de outras indústrias fornecedoras de peças, de eventuais incentivos fiscais, de mão de obra qualificada e potencial mercado consumidor.

Estão corretas, somente,

a. I, II, III e V.
c. I, IV e V.
e. III, IV e V.
b. I, II e IV.
d. II, IV e V.

3. (Unifor-CE – 2012) A China explica que o seu sistema econômico adapta mecanismos de mercado ao socialismo, por meio da forte presença do Estado, que fomenta a economia e o desenvolvimento social. Um capitalismo controlado pelo Partido Comunista.

Com respeito ao sistema político e econômico adotado pela China, é incorreta a afirmação:

a. A economia de mercado, implementada na China, permitiu a propriedade particular para o desenvolvimento das atividades econômicas, nas Zonas Econômicas Especiais (ZEE) e nas Zonas de Comércio Aberto (ZCA).

b. As Zonas de Comércio Aberto (ZCA) são regiões que, além do livre mercado, estão abertas ao comércio exterior e à entrada de multinacionais, desde que respeitadas as restrições de associarem-se ao governo ou a empresários chineses por meio de *joint ventures*.

c. A China atrai investimentos do mundo inteiro em função do baixo custo de produção. Entre os principais fatores para o custo de produção reduzido estão a mão de obra barata, uma boa infraestrutura e a moeda desvalorizada.

d. O Estado foi o principal instrumento da modernização acelerada que transforma diariamente a paisagem da China. O ritmo da economia chinesa exige construções permanentes ou reaparelhamentos de portos, rodovias, estradas de ferro, aeroportos e usinas de energia.

e. As conquistas econômicas chinesas foram acompanhadas por importantes reformas democráticas que garantiram uma maior participação política e respeito pleno aos direitos humanos.

4. (UFPI – 2008) A partir da Revolução Industrial, cada vez mais, o processo de acumulação de capital se internacionaliza. Ao longo do século XX, esse processo se caracterizou, principalmente, por:

a. Alianças bem-sucedidas entre países de pequena dimensão territorial, para proteger-se do comércio com os países capitalistas desenvolvidos.

b. Dependência vital dos países desenvolvidos em relação aos países subdesenvolvidos, cujas matérias-primas são a única sustentação da industrialização dos primeiros.

c. Solidariedade entre países desenvolvidos e subdesenvolvidos, cabendo aos primeiros suprir os demais em matérias-primas raras e programas de educação e saúde das populações pobres.

d. Aprofundamento da divisão do trabalho entre países e no interior dos próprios países dependentes, com o crescimento da industrialização associada ao grande endividamento externo.

e. Democratização dos mecanismos de troca internacional, premida pela elevação constante dos preços das matérias-primas em níveis superiores aos dos produtos industrializados.

TEMA 11
GEOPOLÍTICA

Membros da Al-Quds Brigades nas ruas em Gaza propagando o que chamam de "vitória sobre Israel".

O discurso de que o "mundo ocidental" é o defensor dos valores da liberdade e da democracia, e os "terroristas" e os países não alinhados representam o "mal que ameaça o mundo" é mesmo verdadeiro? Até que ponto a política internacional desempenhada pelas grandes potências alimenta o terrorismo? Até que ponto os contrastes socioeconômicos influenciam esse contexto?

A Geografia Política – ou simplesmente Geopolítica – constitui um dos ramos que mais atraem a atenção de jovens adultos, por representar uma chave para a leitura e a compreensão de situações globais de grande repercussão midiática. As guerras e conflitos sempre exerceram fascínio sobre a humanidade, no entanto, os olhares interpretativos sobre eles são reféns das fontes de informação utilizadas e, muitas vezes, do filtro ideológico pelo qual são analisadas. Se compreender o desencadeamento dos grandes conflitos ao longo do tempo é tarefa para a História, cabe à análise geopolítica desvendar como as tensões do passado e do presente se manifestam na atualidade, afetando os espaços geográficos e as sociedades. A abordagem geopolítica compartilha muitas informações e análises com outros ramos das ciências humanas, porém, apresenta a especificidade do estudo do espaço, incluindo todas as relações que nele se estabelecem. Nesse sentido, além dos conflitos, o objeto de estudo abarca também as tensões geradas por desigualdades sociais e econômicas, as relações internacionais entre as nações, os choques culturais entre civilizações e a marcante interferência exercida pelas grandes potências globais sobre os demais países. Trata-se de um estudo minucioso de como o exercício do poder político e econômico transforma e determina o mundo em que vivemos.

Principais conteúdos relacionados

Capítulo 1	Geografia: ciência do espaço
Capítulo 4	A história dos mapas e as novas tecnologias
Capítulo 16	As fontes de energia e sua importância no mundo atual
Capítulo 18	A dinâmica demográfica mundial na atualidade
Capítulo 27	Amazônia: a última fronteira
Capítulo 28	O capitalismo e o cenário geopolítico contemporâneo
Capítulo 29	Do mundo bipolar à multipolaridade
Capítulo 30	Grandes potências econômicas e potências emergentes no cenário multipolar
Capítulo 31	A regionalização do espaço geográfico mundial
Capítulo 32	Capitalismo, espaço geográfico e globalização
Capítulo 33	O comércio mundial e os blocos econômicos
Capítulo 34	Os fluxos da rede global de negócios
Capítulo 36	Degradação ambiental e mudanças ecológicas globais
Capítulo 38	Conflitos e tensões no mundo globalizado

Como esse tema costuma aparecer no Enem e nos principais vestibulares?

A maneira mais eficaz para compreender a geopolítica mundial é pelo acompanhamento sistemático dos noticiários – preferencialmente diversificando as fontes de informação utilizadas. As atualidades são os temas preferidos das questões de Geopolítica tanto em questões do Enem quanto dos vestibulares. Certamente, deve-se investigar a fundo como determinada situação evoluiu ao longo do tempo – o que, muitas vezes, implica resgatar detalhes históricos primordiais, sem os quais a compreensão das ações em curso não será possível. As questões transversais entre História e Geografia são muito comuns. É importante observar as razões e os discursos empregados por todos os atores envolvidos, confrontando-os, analisando sua legitimidade e – por que não? –, muitas vezes, se posicionando. O estudo de Geopolítica comumente provoca envolvimentos emocionais e ideológicos, quando existe a identificação entre o observador e a causa dos atores sociais envolvidos, ou quando situações de flagrante injustiça são reveladas. Deve-se tomar cuidado, porém, para que esse possível envolvimento não obscureça o olhar acadêmico sobre o tema e a busca de fontes com visões distintas sobre ele. Algumas dicas: temas que envolvem a América Latina são recorrentes (mudanças no alinhamento político de governos, tensões históricas etc.); o terrorismo mundial é um tema atualmente presente nas provas de vestibulares; a sempre importante questão palestina permanece sendo um dos assuntos favoritos e a Guerra da Síria também tem despertado muita atenção nos últimos anos; é importante conhecer em detalhe a atuação dos mecanismos internacionais de mediação, como a ONU. Também há muitas questões que envolvem essa temática, como a da xenofobia, que será tratada à parte.

Exemplo comentado de questão

(Enem – 2015)

A Unesco condenou a destruição da antiga capital assíria de Nimrod, no Iraque, pelo Estado Islâmico, com a agência da ONU considerando o ato como um crime de guerra. O grupo iniciou um processo de demolição em vários sítios arqueológicos em uma área reconhecida como um dos berços da civilização. Unesco e especialistas condenam destruição de cidade assíria pelo Estado Islâmico.

Disponível em: http://oglobo.globo.com. Acesso em: 30 mar. 2015 (adaptado).

O tipo de atentado descrito no texto tem como consequência para as populações de países como o Iraque a desestruturação do(a)

a. homogeneidade cultural.
b. patrimônio histórico.
c. controle ocidental.
d. unidade étnica.
e. religião oficial.

Comentário: A complexidade dessa questão está na exigência subliminar de conhecimentos sobre as características da sociedade iraquiana. O texto apresentado como suporte explicita um problema grave, por meio do qual o grupo terrorista Estado Islâmico promove a demolição de locais de extrema relevância histórica, sendo necessário ter conhecimento de que o lugar onde atualmente se encontra o Iraque foi, no passado, a Mesopotâmia, região que, pelas condições favoráveis de habitabilidade de seu território, abrigou algumas das mais antigas e proeminentes sociedades humanas, entre elas a dos assírios, citados no texto-base. Em outras palavras: além de enfocar um evento ligado ao principal tema atual da geopolítica internacional – as ações do Estado Islâmico –, a questão cobra conhecimentos históricos, geopolíticos e socioculturais, já que, para responder a ela, é preciso estar a par dos acontecimentos recentes que envolvem o Iraque e sua população.

Gabarito: B.

Justificativa: O Iraque é um país que abriga duas etnias principais – árabes e curdos – e duas facções religiosas distintas e que são islâmicas: os xiitas (maioria) e os sunitas. Os choques culturais e as desavenças religiosas, portanto, fazem parte do cotidiano desse país, que ainda enfrentou a invasão estadunidense em

2003, vivendo desde então um período de extrema turbulência política – contexto esse que abriu condições para a materialização do projeto extremista do grupo Estado Islâmico, formado por uma ala radical dos sunitas da região. Estão incorretas, portanto, as alternativas **a**, **d** e **e**, já que a sociedade local é marcada por essas fragmentações e tensões internas. A alternativa **c** também está incorreta, pois o comando da questão a direciona para as consequências para as populações nativas, e não para os interesses ocidentais. Está correta a alternativa **b**, visto que o texto apresentado como suporte salienta exatamente a perda do patrimônio histórico e cultural, que, embora situado naquele país, não desperta apenas interesse local, mas possui extrema importância para toda a humanidade

▶ Outras questões para você praticar

1. (Enem – 2013)

Um gigante da indústria da internet, em gesto simbólico, mudou o tratamento que conferia à sua página palestina. O *site* de buscas alterou sua página quando acessada da Cisjordânia. Em vez de "territórios palestinos", a empresa escreve agora "Palestina" logo abaixo do logotipo.

BERCITO, D. Google muda tratamento de territórios palestinos. *Folha de S. Paulo*, 4 maio 2013 (adaptado).

O gesto simbólico sinalizado pela mudança no *status* dos territórios palestinos significa o

a. surgimento de um país binacional.
b. fortalecimento de movimentos antissemitas.
c. esvaziamento de assentamentos judaicos.
d. reconhecimento de uma autoridade jurídica.
e. estabelecimento de fronteiras nacionais.

2. (Unioeste-PR – 2014)

- Desde março de 2011, estima-se que o conflito na Síria tenha causado a morte de 100 mil pessoas, segundo o Alto Comissariado das Nações Unidas para os Direitos Humanos (ACNUDH).
- Estima-se que 6,8 milhões de pessoas necessitem de assistência humanitária urgente. Há mais de 2 milhões de refugiados sírios nos países vizinhos e no Norte da África. Cerca de 1,2 milhão de famílias tiveram suas casas atingidas (ONU Brasil).

Sobre o conflito na Síria, assinale a alternativa correta.

a. Trata-se de um conflito entre Israel e o governo de Bashar Al-Assad, que disputam o controle e a influência sobre o território vizinho do Líbano.
b. Trata-se de um conflito entre árabes e curdos. Bashar Al-Assad é um governante curdo que vem sendo pressionado a deixar o poder pela maioria árabe.
c. Os curdos, entre os quais está Bashar Al-Assad, correspondem a 70% da população síria, portanto, garantem amplo apoio ao seu governo democrático.
d. Os principais aliados do governo de Bashar Al-Assad são os governos dos Estados Unidos e da Rússia, que juntos conseguem dar suporte ao ditador e evitar que grupos de adversários como o Hezbollah dominem o território sírio.
e. O conflito na Síria surgiu em seguida aos movimentos da Primavera Árabe na Tunísia e no Egito. A reação violenta do governo aos protestos populares resultou em aumento das tensões. Os rebeldes, em sua maioria muçulmanos sunitas, sofrem forte repressão de Bashar Al-Assad, que pertence à minoria alauíta.

3. (Uerj – 2014)

O gasto militar é um dos indicadores do poder dos países no cenário internacional em um dado contexto histórico. Com base na análise dos dois gráficos, pode-se projetar a seguinte alteração na atual ordem geopolítica mundial:

a. eliminação de conflitos atômicos.

b. declínio da supremacia europeia.

c. superação da unipolaridade bélica.

d. padronização de tecnologias de defesa.

4. (Uerj – 2013)

Rússia e China rejeitam ameaça de guerra contra Irã

A Rússia e a China manifestaram sua inquietude com relação aos comentários do chanceler francês Bernard Kouchner sobre a possibilidade de uma guerra contra o Irã. Kouchner acusou a imprensa de "manipular" suas declarações. "Não quero que usem isso para dizer que sou um militarista", disse o chanceler, dias antes de os cinco membros permanentes do Conselho de Segurança da ONU – França, China, Rússia, Reino Unido e Estados Unidos – se reunirem para discutir possíveis novas sanções contra o Irã por causa de seu programa nuclear.

Adaptado de www.estadao.com.br, 18 set. 2007.

O Conselho de Segurança da ONU pode aprovar deliberações obrigatórias para todos os países--membros, inclusive a de intervenção militar, como ilustra a reportagem. Ele é composto por quinze membros, sendo dez rotativos e cinco permanentes com poder de veto. A principal explicação para essa desigualdade de poder entre os países que compõem o Conselho está ligada às características da:

a. geopolítica mundial na época da criação do organismo.

b. parceria militar entre as nações com cadeira cativa no órgão.

c. convergência diplomática dos países com capacidade atômica.

d. influência política das transnacionais no período da globalização.

5. (PUC-PR – 2013) Nos últimos anos a América Latina vem se destacando no cenário internacional tanto do ponto de vista socioeconômico quanto político. Com relação a essa região, leia as assertivas a seguir:

I. A derrubada do presidente paraguaio em 2012 tende a levar o país a uma direção mais conservadora, podendo diminuir o papel dos movimentos sociais no país.

II. Governos como o de Cristina Kirchner, na Argentina, e o de Evo Moralez, na Bolívia, estatizaram companhias espanholas do setor energético. No caso argentino, a petroleira YPF, antes controlada pela Repsol espanhola, foi expropriada pela presidente e reestatizada.

III. O governo de Juan Manuel Santos na Colômbia e o de Sebastian Pinera no Chile representam o bloco bolivariano da América Latina, com fortes políticas nacionalistas, em oposição aos Estados Unidos.

IV. Governos como o do Uruguai, com José Mujica, e do Brasil, com Dilma Rousseff, representam o grupo conservador da América Latina, já que são aliados próximos dos Estados Unidos, manifestando interesses na retomada das discussões referentes à Alca (Associação de Livre Comércio das Américas).

São corretas apenas:

a. II e III.

b. I, III e IV.

c. III e IV.

d. I e II.

e. I, II e III.

6. (FGV-SP – 2013) Os investimentos diretos estrangeiros no continente africano aumentaram exponencialmente ao longo da primeira década do século XXI. Sobre esse tema, responda:

a. Qual é a origem da maior parte desses investimentos?

_____

_____

_____

_____

b. Para quais setores produtivos eles foram direcionados em sua maior parte?

_____

_____

_____

_____

_____

TEMA 12
GLOBALIZAÇÃO

Passageiros usam seus *smartphones* em um trem do metrô em Seul, Coreia do Sul. Foto de 2015.

A comunicação pelas redes sociais é uma grande marca de nosso tempo. Até que ponto a revolução promovida pela popularização da internet afetou não apenas o comportamento humano, como revela a foto acima, mas também as formas de trabalhar, produzir e transformar os espaços mundiais? Apesar dos evidentes benefícios, quais são as contradições envolvidas?

A partir do fim da Guerra Fria e da emergência de novos importantes atores no cenário global – particularmente os blocos econômicos, fazendo surgir o que foi chamado de nova ordem mundial –, essa transformação foi muito expressiva. Compreender todas as nuances da chamada globalização implica percepções como a da aproximação entre países e mercados, facilitando atividades internacionais de especulação financeira e promovendo ampliação do distanciamento entre ricos e pobres em razão do ainda mais notável acúmulo de capitais por uma minoria. O estudo desses fluxos, especialmente os imateriais, que transitam pelas redes mundiais e impõem condicionalidades a todos os recantos do planeta, é fundamental para a compreensão desse cenário. É preciso revelar como a circulação e o domínio de informações afetam a incorporação de novas tecnologias e são por elas afetados, bem como observar criticamente quais são os atores políticos, econômicos e sociais beneficiados ou prejudicados nesse contexto. A globalização vem desencadeando profundas mudanças culturais e modificando expressivamente os espaços geográficos em âmbito local, regional e mundial. É preciso compreendê-la.

Principais conteúdos relacionados

Capítulo 15	A natureza, o trabalho e atividade industrial
Capítulo 16	As fontes de energia e sua importância no mundo atual
Capítulo 17	As cidades e fenômeno da urbanização
Capítulo 18	A dinâmica demográfica mundial na atualidade
Capítulo 21	A fome e o mercado global de alimentos
Capítulo 22	Agronegócio e problemas ambientais no campo
Capítulo 28	O capitalismo e o cenário geopolítico contemporâneo
Capítulo 29	Do mundo bipolar à multipolaridade
Capítulo 30	Grandes potências econômicas e potências emergentes no cenário multipolar
Capítulo 31	A regionalização do espaço geográfico mundial
Capítulo 32	Capitalismo, espaço geográfico e globalização
Capítulo 33	O comércio mundial e os blocos econômicos
Capítulo 34	Os fluxos da rede global de negócios
Capítulo 35	Sociedade de consumo e meio ambiente global
Capítulo 36	Degradação ambiental e mudanças ecológicas globais
Capítulo 38	Conflitos e tensões no mundo globalizado

▶ Como esse tema costuma aparecer no Enem e nos principais vestibulares?

Pela sua relevância e atualidade, esse é outro dos temas preferidos do Enem e dos vestibulares em geral. A formulação de questões explora desde o comparativo entre o cenário atual – pela incorporação das novas tecnologias do mundo globalizado – e os anteriores, tratando das mudanças nas formas de trabalho, produção e comercialização de bens e serviços até as profundas mudanças culturais, que afetam a vida social das pessoas. O conhecimento sobre a Geografia das Redes é essencial, incluindo o domínio sobre a conceituação envolvida, assim como a clareza sobre os elementos específicos que representam novidades no MTCI. Atenção especial também deve ser dada às questões que envolvam o funcionamento do sistema financeiro mundial e o papel desempenhado por seus principais atores globais, sem desconsiderar a influência das novas regionalizações desencadeadas pela formação dos blocos econômicos. Nesse sentido, as questões sobre a globalização comumente se associam às reflexões típicas da Geografia econômica. A Geopolítica também pode aparecer no que se refere em especial à eclosão crescente de mobilizações sociais, muitas delas taxadas de antiglobalização, mas que, contraditoriamente, fazem expressivo uso das redes sociais para se articularem. As críticas à globalização, sobretudo no tocante à sua pouca eficiência na superação de alguns problemas crônicos da humanidade, como as diferenças socioeconômicas (que, pelo contrário, só têm aumentado), podem ser exploradas nas questões. Uma dica, nessa linha, é que se compreendam as três identidades da globalização propostas por Milton Santos: como fábula (como ela é apresentada às pessoas), como perversidade (como ela é, de fato) e como possibilidade (como ela poderia ser).

Exemplo comentado de questão

(Enem – 2013)

A charge revela uma crítica aos meios de comunicação, em especial à internet, porque

a. questiona a integração das pessoas nas redes virtuais de relacionamento.

b. considera as relações sociais como menos importantes que as virtuais.

c. enaltece a pretensão do homem de estar em todos os lugares ao mesmo tempo.

d. descreve com precisão as sociedades humanas no mundo globalizado.

e. concebe a rede de computadores como o espaço mais eficaz para a construção de relações sociais.

Comentários: São muito comuns no Enem questões que exigem a interpretação de charges como essa. Além da observação atenta e das habilidades interpretativas de praxe em relação ao suporte apresentado, é preciso, nesse caso, tomar muito cuidado com os distratores, pois são eles que tornam a resolução mais difícil do que poderia parecer, em princípio. A opção por uma resposta rápida, sem grande reflexão, tem grandes chances de induzir ao erro. Nesse caso específico, o mais importante é perceber a natureza do teor crítico apresentado na charge, o que permite reconhecer os distratores que inverteram a interpretação, tratando de aspectos positivos do contexto abordado. Com esse cuidado, as opções de resposta já diminuem substancialmente. Exige-se um conhecimento e uma compreensão dos argumentos utilizados por quem critica alguns aspectos típicos da globalização, como a virtualidade nas relações. No entanto, busca-se superar o senso comum, o que não é tarefa tão simples quanto parece.

Gabarito: A.

Justificativa: As alternativas **c** e **e** poderiam ser descartadas de imediato, por interpretarem incorretamente o teor crítico apresentado na charge e destacarem aspectos positivos da situação nela tratada. A alternativa **d** está incorreta, pois desconsidera a existência de múltiplas realidades no mundo, ou seja: mesmo que a quantidade de pessoas conectadas às redes sociais esteja em franca expansão, ela não abarca a totalidade da humanidade. Por isso, é incorreto afirmar que a charge descreve com precisão o conjunto das sociedades humanas no mundo globalizado, que é marcado pela heterogeneidade. A alternativa **b** está incorreta, em primeiro lugar, porque as relações virtuais não podem ser tratadas à parte das relações sociais, já que são uma de suas múltiplas possibilidades, e, em segundo, porque a crítica da charge sugere uma ideia exatamente oposta à do distrator. Está correta a alternativa **a**, que apresenta uma interpretação adequada ao suporte, já que os exageros no comportamento de integração de pessoas por meio das redes sociais é que estão sendo questionados na charge.

▶ Outras questões para você praticar

1. (Enem – 2009)

Populações inteiras, nas cidades e na zona rural, dispõem da parafernália digital global como fonte de educação e de formação cultural. Essa simultaneidade de cultura e informação eletrônica com as formas tradicionais e orais é um desafio que necessita ser discutido. A exposição, via mídia eletrônica, com estilos e valores culturais de outras sociedades, pode inspirar apreço, mas também distorções e ressentimentos. Tanto quanto há necessidade de uma cultura tradicional de posse da educação letrada, também é necessário criar estratégias de alfabetização eletrônica, que passam a ser o grande canal de informação das culturas segmentadas no interior dos grandes centros urbanos e das zonas rurais. Um novo modelo de educação.

BRIGAGÃO, C. E.; RODRIGUES, G. *A globalização a olho nu*: o mundo conectado. São Paulo: Moderna, 1998 (adaptado).

Com base no texto e considerando os impactos culturais da difusão das tecnologias de informação no marco da globalização, depreende-se que:

a. a ampla difusão das tecnologias de informação nos centros urbanos e no meio rural suscita o contato entre diferentes culturas e, ao mesmo tempo, traz a necessidade de reformular as concepções tradicionais de educação.

Globalização **Tema 12** 61

b. a apropriação, por parte de um grupo social, de valores e ideias de outras culturas para benefício próprio é fonte de conflitos e ressentimentos.

c. as mudanças sociais e culturais que acompanham o processo de globalização, ao mesmo tempo que refletem a preponderância da cultura urbana, tornam obsoletas as formas de educação tradicionais próprias do meio rural.

d. as populações nos grandes centros urbanos e no meio rural recorrem aos instrumentos e tecnologias de informação basicamente como meio de comunicação mútua, e não os veem como fontes de educação e cultura.

e. a intensificação do fluxo de comunicação por meios eletrônicos, característica do processo de globalização, está dissociada do desenvolvimento social e cultural que ocorre no meio rural.

2. (Uerj – 2014)

Produção tecnológica no mundo

Mapa: ©DAE/Allmaps

Número de patentes registradas nos Estados Unidos entre 1963 e 2003 por nacionalidade do solicitante

1.000 10.000 100.000 500.000 Estados Unidos 2.132.534

Adaptado de *El Atlas de Le Monde Diplomatique II*
Buenos Aires: Capital Intelectual, 2006.

A distribuição espacial da produção técnico-científica entre os países, parcialmente apresentada no mapa, é um dos fatores que explicam as desigualdades socioeconômicas entre as nações. Pela importância do mercado consumidor norte-americano, quase todos os produtos ou tecnologias relevantes desenvolvidos no mundo são registrados nesse país. Um resultado dessa espacialidade diferenciada é a formação de um grande fluxo financeiro internacional para as empresas dos países desenvolvidos.

Esse fluxo está mais adequadamente associado a:

a. pagamentos de licenças.

b. capitais para especulação.

c. compensações de impostos.

d. investimentos em infraestrutura.

3. (Unesp-SP – 2010)

A fábrica global instala-se além de toda e qualquer fronteira, articulando capital, tecnologia, força de trabalho, divisão do trabalho social e outras forças produtivas. Acompanhada pela publicidade, a mídia impressa e eletrônica, a indústria cultural, misturadas em jornais, revistas, livros, programas de rádio, emissões de televisão, videoclipes, fax, redes de computadores e outros meios de comunicação, informação e fabulação, dissolve fronteiras, agiliza os mercados, generaliza o consumismo. Provoca a desterritorialização e reterritorialização das coisas, gentes e ideias. Promove o redimensionamento de espaços e tempos.

Octavio Ianni, *Teorias da Globalização*, 2002.

Partindo da metáfora de fábrica global de Octavio Ianni, pode-se identificar como características da globalização

a. o amplo fluxo de riquezas, de imagens, de poder, bem como as novas tecnologias de informação que estão integrando o mundo em redes globais, em que o Estado também exerce importante papel na relação entre tecnologia e sociedade.

b. a imposição de regras pelos países da Europa e América do Sul nas relações comerciais e globais que oprimem os mais pobres do mundo e se preocupam muito mais com a expansão das relações de mercado do que com a democracia.

c. a busca das identidades nacionais como única fonte de significado em um período histórico caracterizado por uma ampla estruturação das organizações sociais, legitimação das instituições e aparecimento de movimentos políticos e expressões culturais.

d. o multiculturalismo e a interdependência que somente podemos compreender e mudar a partir de uma perspectiva singular que articule o isolamento cultural com o individualismo.

e. a existência de redes que impedem a dependência dos polos econômicos e culturais no novo mosaico global contemporâneo.

4. (UFF-RJ – 2010)

O mundo como fábula, como perversidade e como possibilidade

Vivemos num mundo confuso e confusamente percebido. Haveria nisto um paradoxo pedindo uma explicação? De um lado, é abusivamente mencionado o extraordinário progresso das ciências e das técnicas, das quais um dos frutos são os novos materiais artificiais que autorizam a precisão e a intencionalidade. De outro lado, há também referência obrigatória à aceleração contemporânea e todas as vertigens que cria, a começar pela própria velocidade. Todos esses, porém, são dados de um mundo físico fabricado pelo homem, cuja utilização, aliás, permite que o mundo se torne esse mundo confuso e confusamente percebido.

De fato, se desejamos escapar à crença de que esse mundo assim apresentado é verdadeiro, e não queremos admitir a permanência de sua percepção enganosa, devemos considerar a existência de pelo menos três mundos num só. O primeiro seria o mundo tal como nos fazem vê-lo: a globalização como fábula; o segundo seria o mundo tal como ele é: a globalização como perversidade; e o terceiro, o mundo como ele pode ser: uma outra globalização.

SANTOS, Milton. *Por uma outra globalização*: do pensamento único à consciência universal. Rio de Janeiro: Record, 2000, p. 17-18.

A ideia da "globalização como fábula", destacada no Texto XI, torna-se ainda mais expressiva, se levamos em conta certas definições de fábula, apresentadas no dicionário: mitologia, lenda, narração de coisas imaginárias. Não resta dúvida de que se lida com a imagem de um mundo cada vez mais interconectado, mas de forma alguma "sem fronteiras".

Essa imagem, difundida nos tempos atuais, encontra seu principal fundamento no aspecto:

a. político, com o triunfo de regimes democráticos em continentes inteiros.

b. socioeconômico, com a redução das desigualdades entre os povos da Terra.

c. sanitário, com o êxito alcançado na prevenção das pan-epidemias.

d. financeiro, com a intensa circulação de capitais em nível planetário.

e. cultural, com a crescente unificação das crenças religiosas no mundo.

5. (UEL-PR – 2013 – Adaptada) Observe a figura a seguir e responda à questão.

Detalhe da obra *Mapa Mundi*, Vik Muniz.

A obra de Vik Muniz permite uma reflexão sobre a organização do espaço no período técnico-científico-informacional, discutido por Milton Santos.

Em relação ao processo de espacialização desse período, assinale a alternativa correta.

a. Caracteriza-se pela redução das necessidades de transporte das mercadorias.

b. É determinado pela concentração populacional no espaço geográfico.

c. Exclui os espaços rurais pela restrição da utilização de ciência e de tecnologia.

d. Marca a totalidade do espaço, que se subordina à lógica da globalização.

e. Resulta no predomínio de relações lugar-lugar em detrimento das relações local-global.

TEMA 13
MOVIMENTOS MIGRATÓRIOS

Um policial alemão fala com os migrantes esperando para atravessar a fronteira austro-alemã perto da cidade bávara de Passau, sul da Alemanha, 2015.

As fronteiras entre o mundo central e o periférico, especialmente nas porções meridionais dos Estados Unidos e da Europa, se consolidam cada vez mais como cenários de intensos fluxos humanos. O que leva tanta gente a migrar? Aqueles que conseguem ingressar no mundo rico têm suas expectativas recompensadas? Como isso se relaciona com o aumento da xenofobia?

Um dos temas de maior repercussão internacional no ano de 2015 foi o expressivo aumento nos fluxos migratórios oriundos do norte da África e do Oriente Médio em direção à Europa. As migrações internacionais sempre foram um objeto importante de estudo na Geografia. A interpretação dos fluxos, considerando seus espaços de repulsão e atração, e a análise da dinâmica que os envolveu através dos tempos exercem fascínio particular nessa ciência tão habituada a lidar com as transformações do espaço. Na atualidade, a questão torna-se ainda mais relevante, pois, no cenário do mundo globalizado, no qual circulam informações, empresas e capitais, certamente estamos lidando também com uma maior circulação de seres humanos. Dentro do território nacional, a questão é igualmente de suma importância, pois a interpretação das correntes migratórias internas se mostra essencial para a compreensão da formação do espaço brasileiro.

Principais conteúdos relacionados

Capítulo 17	As cidades e fenômeno da urbanização
Capítulo 18	A dinâmica demográfica mundial na atualidade
Capítulo 19	A população brasileira
Capítulo 20	Agropecuária moderna e sistemas agrícolas tradicionais
Capítulo 21	A fome e o mercado global de alimentos
Capítulo 22	Agronegócio e problemas ambientais no campo
Capítulo 25	Modernização do campo brasileiro
Capítulo 26	Urbanização brasileira
Capítulo 38	Conflitos e tensões no mundo globalizado

▶ Como esse tema costuma aparecer no Enem e nos principais vestibulares?

Questões sobre as migrações internas no Brasil são muito comuns no Enem, ocorrendo em quase todas as suas edições. As migrações internacionais também aparecem, porém de forma mais ocasional. No entanto, as duas modalidades surgem com frequência nas principais provas de vestibular, por serem duas das temáticas preferidas e que permitem mais conexões com a atualidade no estudo da Geografia da População. Deve-se prestar atenção aos conceitos fundamentais envolvidos (como imigração, emigração, espaços de repulsão e atração, refugiados, retirantes, migrações pendulares, migração de cérebros, entre outros) e, sobretudo, atualizar-se acerca das situações com maior repercussão na mídia. No caso do Brasil, é importante estar antenado em relação à comparação entre os fluxos migratórios tradicionais, que influenciaram substancialmente a configuração demográfica nacional, e as tendências mais recentes, regionais e nacionais, que muitas vezes determinam novos direcionamentos aos deslocamentos populacionais dos brasileiros.

Exemplo comentado de questão

(Enem – 2014)

O jovem espanhol Daniel se sente perdido. Seu diploma de desenhista industrial e seu alto conhecimento de inglês devem ajudá-lo a tomar um rumo. Mas a taxa de desemprego, que supera 52% entre os que têm menos de 25 anos, o desnorteia. Ele está convencido de que seu futuro profissional não está na Espanha, como o de, pelo menos, 120 mil conterrâneos que emigraram nos últimos dois anos. O irmão dele, que é engenheiro-agrônomo, conseguiu emprego no Chile. Atualmente, Daniel participa de uma "oficina de procura de emprego" em países como Brasil, Alemanha e China. A oficina é oferecida por uma universidade espanhola.

GUILAYN, P. "Na Espanha, universidade ensina a emigrar". *O Globo*, 17 fev. 2013 (adaptado).

A situação ilustra uma crise econômica que implica

a. valorização do trabalho fabril.

b. expansão dos recursos tecnológicos.

c. exportação de mão de obra qualificada.

d. diversificação dos mercados produtivos.

e. intensificação dos intercâmbios estudantis.

Comentários: Essa é uma questão muito pertinente e atual, que exige a análise de como o contexto de crise econômica afeta os espaços de atração e repulsão nas migrações internacionais. A questão aborda o caso da Espanha – um dos países europeus mais afetados pela crise econômica que atingiu o mundo desenvolvido a partir de 2008 –, exigindo o reconhecimento de como o desemprego produziu transformações nos fluxos migratórios relacionados àquele país. Após seu ingresso na União Europeia, nas décadas de 1990 e 2000, a Espanha teve expressivo crescimento econômico, que atraiu muita mão de obra de imigrantes. A questão foi bem-sucedida ao abordar a nova tendência de saída de mão de obra especializada espanhola em busca de emprego em outros países, não necessariamente mais ricos do que a Espanha, já que os novos espaços de atração incluem países sul-americanos. Aqueles que forem atentos ao fato de a busca por melhores oportunidades de trabalho ser o principal desencadeador de fluxos migratórios na atualidade, podem ter melhores condições de gabaritar.

Gabarito: C.

Justificativa: A alternativa correta, que corresponde à temática principal abordada no texto apresentado como suporte e aponta a principal consequência na dinâmica migratória associada à crise econômica, é a letra **c**. A alternativa **a** está incorreta, pois os exemplos de mão de obra citados no texto de suporte não correspondem à mão de obra fabril espanhola, mas sim à qualificada, que justamente busca melhores oportunidades de emprego e valorização em outros países. As alternativas **b** e **d** estão incorretas, pois o deslocamento dos trabalhadores citados no texto está relacionado à crise econômica e não à expansão de recursos tecnológicos ou à diversificação de mercados produtivos. Finalmente, a alternativa **e** está incorreta, pois trata-se da migração de cérebros – profissionais de boa qualificação –, em busca de empregos e não de alunos que fazem intercâmbio.

Movimentos migratórios **Tema 13** 65

▶ Outras questões para você praticar

1. (PUC-RJ – 2010) Enquanto um povo se uniu em 1989 sobre as ruínas de um muro que ia de Dresden a Berlim, outros muros são levantados na atualidade para separar os homens, tornando-os estrangeiros, inimigos.

   Observe as imagens e faça o que se pede a seguir.

   Figura 1 – Construção do muro de Berlim, em 1961.

   Figura 2 – Muro de vedação que segura a cidade de Nogales (México) da de Sonora (EUA).

   a. Caracterize o contexto histórico em que foi construído o muro de Berlim.

   _____
   _____
   _____

   b. Identifique dois aspectos relativos às tensões vividas na fronteira entre Estados Unidos e México, na atualidade.

   _____
   _____
   _____

2. (Unicamp-SP – 2013)

   A foto A mostra famílias de colonos imigrantes alemães que participaram do povoamento do Paraná e a foto B mostra colonos italianos na cidade de Caxias do Sul (RS).

   Foto A

   Foto B

   A primeira grande política regional executada pelo nascente Estado nacional brasileiro foi a colonização dirigida na Região Sul do Brasil.

   a. Identifique os objetivos do governo brasileiro quando formulou a política de povoamento da Região Sul com populações imigrantes, especialmente europeus.

   _____
   _____
   _____
   _____
   _____

b. Aponte duas características que predominaram no tipo de povoamento empreendido pela colonização dirigida na Região Sul, uma referente ao regime de propriedade da terra adotado e uma referente às formas de cultivo da terra.

_____

_____

3. (Enem – 2009)

O movimento migratório no Brasil é significativo, principalmente em função do volume de pessoas que saem de uma região com destino a outras regiões. Um desses movimentos ficou famoso nos anos 1980, quando muitos nordestinos deixaram a região Nordeste em direção ao Sudeste do Brasil. Segundo os dados do IBGE de 2000, este processo continuou crescente no período seguinte, os anos 1990, com um acréscimo de 7,6% nas migrações deste mesmo fluxo. A Pesquisa de Padrão de Vida, feita pelo IBGE, em 1996, aponta que, entre os nordestinos que chegam ao Sudeste, 48,6% exercem trabalhos manuais não qualificados, 18,5% são trabalhadores manuais qualificados, enquanto 13,5%, embora não sejam trabalhadores manuais, se encontram em áreas que não exigem formação profissional. O mesmo estudo indica também que esses migrantes possuem, em média, condição de vida e nível educacional acima dos de seus conterrâneos e abaixo dos de cidadãos estáveis do Sudeste.

Disponível em: <http://www.ibge.gov.br>.
Acesso em: 30 jul. 2009 (adaptado).

Com base nas informações contidas no texto, depreende-se que

a. o processo migratório foi desencadeado por ações de governo para viabilizar a produção industrial no Sudeste.

b. os governos estaduais do Sudeste priorizaram a qualificação da mão de obra migrante.

c. o processo de migração para o Sudeste contribui para o fenômeno conhecido como inchaço urbano.

d. as migrações para o Sudeste desencadearam a valorização do trabalho manual, sobretudo na década de 1980.

e. a falta de especialização dos migrantes é positiva para os empregadores, pois significa maior versatilidade profissional.

4. (UFPR – 2015) Leia abaixo a definição de "refugiado":

De acordo com a Convenção de 1951 relativa ao Estatuto dos Refugiados, são refugiados as pessoas que se encontram fora do seu país por causa de fundado temor de perseguição por motivos de raça, religião, nacionalidade, opinião política ou participação em grupos sociais, e que não possam (ou não queiram) voltar para casa. Posteriormente, definições mais amplas passaram a considerar como refugiados as pessoas obrigadas a deixar seu país devido a conflitos armados, violência generalizada e violação massiva dos direitos humanos.

Agência da ONU para refugiados (Acnur).
Disponível em: <http://www.acnur.org/t3/portugues/informacao-
geral/perguntas-e-respostas>.

Sobre eventos históricos referentes à existência de refugiados na história contemporânea, considere as seguintes afirmativas:

1. Após a I Guerra Mundial, com a dissolução dos Impérios Otomano e Austro-Húngaro e a instauração do princípio de nacionalidade, milhões de refugiados europeus migraram dentro e fora da Europa.

2. Desde a criação do Estado de Israel, em 1948, milhões de palestinos ganharam dupla cidadania, resolvendo sua situação de refugiados durante o mandato britânico na Palestina.

3. O governo Vargas foi contrário à entrada de judeus no Brasil, quando muitos deles tornaram-se refugiados, migrando para fora da Europa, durante os anos 1930 e a II Guerra Mundial.

4. Entre o final do século XIX e o início do século XX, o Brasil recebeu uma grande quantidade de refugiados italianos, espanhóis, poloneses, japoneses e alemães.

Assinale a alternativa correta.

a. Somente as afirmativas 1 e 3 são verdadeiras.

b. Somente as afirmativas 1 e 4 são verdadeiras.

c. Somente as afirmativas 1, 3 e 4 são verdadeiras.

d. Somente as afirmativas 2, 3 e 4 são verdadeiras.

e. As afirmativas 1, 2, 3 e 4 são verdadeiras.

5. (FGV-SP – 2012) O mapa a seguir apresenta o número de migrantes que entraram em cada uma das regiões brasileiras e os que delas saíram em 2009. Sobre esse fenômeno e suas causas, assinale a alternativa correta:

Movimentos migratórios **Tema 13** 67

Disponível em: http://noticias.uol.com.br/cotidiano/2011/07/15/centro-oeste-e-a-regiao-que-mais-retem-imigrantes-aponta-ibge.jhtm.

a. Uma parcela significativa dos migrantes que chegam à Região Nordeste é constituída por nordestinos que haviam migrado para outras regiões em períodos anteriores.
b. O elevado saldo migratório registrado na Região Centro-Oeste pode ser explicado pela grande demanda por trabalhadores agrícolas, já que a agricultura da região caracteriza-se pela baixa intensidade tecnológica.
c. A Região Sul apresenta saldo migratório positivo, em grande parte resultante da atração exercida pelas metrópoles nacionais que polarizam a região.
d. A Região Norte apresenta saldo migratório negativo, reflexo da crise demográfica que se instalou no Amazonas após o fim da Superintendência da Zona Franca de Manaus (Suframa).
e. A Região Sudeste deixou de figurar como polo de atração de imigrantes, devido à estagnação dos espaços industriais nela situados.

6. (IFG-GO – 2014) Observe a figura a seguir.

Disponível em: <http://altamiroborges.blogspot.com.br/2013/10/o-naufragio-dos-imigrantes-na-europa.html>. Acesso em: 27 out. 2013.

Com base em seus conhecimentos relativos à temática apresentada na figura, é correto afirmar que:
a. a crise econômica e a instabilidade política na Europa têm promovido a emigração forçada de europeus para outros continentes.
b. apesar de os recentes naufrágios ocorridos próximo à Itália evidenciarem a grave situação em que vivem milhões de africanos, as medidas apontadas pela União Europeia são relativas ao aumento da fiscalização nas fronteiras.
c. há necessidade de erguer muros e aumentar a fiscalização em todas as fronteiras, a fim de evitar as levas de migrantes africanos, que aumentam a violência nas cidades europeias.
d. os imigrantes africanos, em geral, ocupam postos de trabalho bem remunerados, tirando empregos dos europeus e reforçando o sentimento xenofóbico.
e. após superarem os desastres resultantes de séculos de colonização europeia, os países da África continuam a receber ajuda econômica das grandes potências, não sendo justificável a imigração clandestina.

7. (Uerj – 2014)

O haitiano Guerrier Garausses, de 31 anos, era motorista em seu país de origem. Como muitos conterrâneos, ele veio ao Brasil em busca de emprego. Saiu da capital haitiana, Porto Príncipe, até a capital da República Dominicana. Lá, foi de avião até o Panamá e seguiu para o Equador. Dali foi para o Peru, até a cidade de Iñapari, que faz fronteira com Assis Brasil, no Acre.
Adaptado de <www.g1.globo.com>. Acesso em: 17 abr. 2014.

Debaixo de um sol inclemente, Juan Apaza formava fila no Parque Dom Pedro II, centro de São Paulo. Costureiro como quase todos os bolivianos na cidade, Juan está a menos de um ano no país, dividindo uma casa apertada com outras dez pessoas. Com as rezas do xamã, incensos e um pouco de cerveja, acredita que sua casa própria se transformará em realidade.
Adaptado de <redebrasilatual.com.br>. Acesso em: 26 jan. 2014.

O Brasil, na última década, tem atraído migrantes originários de países americanos, em especial haitianos e bolivianos. A vinda desses migrantes para o Brasil na atualidade pode ser justificada pelo seguinte motivo:
a. demanda de mão de obra qualificada.
b. oferta de empregos em áreas diversificadas.
c. facilitação para aquisição de dupla cidadania.
d. elevação da remuneração da força de trabalho.

TEMA 14
RECURSOS HÍDRICOS

Vista da Represa do Jaguari, em São José dos Campos (SP). Foto de 2015.

Se algumas regiões do Brasil, como revela a foto acima, já sofrem com a redução da capacidade de abastecimento de água potável, apesar de o nosso país ser um dos que possuem maior quantidade desse recurso, como está a disponibilidade de água no resto do mundo? Afinal, a água do planeta está mesmo acabando?

Essencial para a vida na Terra, a água potável, especialmente em um crescente cenário de escassez, vem se tornando um dos recursos mais estratégicos do mundo. A visão da água doce como *commodity* gerida pelo mercado é perigosa tanto para os grupos sociais mais vulneráveis da humanidade, cujas dificuldades socioeconômicas podem cercear seu acesso a esse recurso básico, como para a biodiversidade em geral. Nesse contexto, quem controlar a água no século XXI agregará expressivo poder econômico e político da mesma forma que ocorreu com outras *commodities* fundamentais e estratégicas, por exemplo, no caso do petróleo no século passado. A Geografia tem muito a contribuir para esse debate tanto no mapeamento das áreas com maior quantidade e das com menor quantidade de água ao redor do mundo – o que permite uma visão geopolítica sobre o tema –, como na análise do papel dos principais atores mundiais envolvidos na questão, o que auxilia no desenvolvimento de uma visão crítica sobre as responsabilidades desse cenário de crise. Pela importância do tema e por sua profunda influência na vida urbana e rural, nos sistemas produtivos e no equilíbrio ecológico mundial, ele foi deslocado para este capítulo à parte, mesmo que mantenha conexões diretas com os conhecimentos da hidrologia mundial e da Geografia ambiental, tratados anteriormente.

Principais conteúdos relacionados

Capítulo 07	A biosfera: interação e dinâmica do planeta
Capítulo 11	A dinâmica hidrológica e as águas continentais
Capítulo 13	A dinâmica litosférica e as paisagens terrestres
Capítulo 16	As fontes de energia e sua importância no mundo atual
Capítulo 27	Amazônia: a última fronteira
Capítulo 36	Degradação ambiental e mudanças ecológicas globais

▶ Como esse tema costuma aparecer no Enem e nos principais vestibulares?

Um dos problemas ambientais que mais têm recebido destaque na atualidade – especialmente no caso brasileiro, por causa das recentes crises de abastecimento na Região Sudeste, da degradação das bacias dos rios que nascem no Planalto Central e da histórica situação de desabastecimento que atinge o sertão nordestino –, essa é uma temática recorrente em provas do Enem e de vestibulares. Nos vestibulares, costumam ser exploradas questões mais técnicas, que atrelam os problemas de abastecimento ao conhecimento específico sobre bacias hidrográficas, regimes pluviométricos, técnicas de irrigação, questões de saneamento básico, tecnologias de tratamento e economia para aumentar a capacidade do recurso etc. Vale, portanto, fazer uma boa revisão da hidrologia brasileira, de forma detalhada, incluindo informações sobre nossas águas subterrâneas (em especial os aquíferos Guarani e Alter do Chão), além de obter informações básicas sobre as principais bacias hidrográficas mundiais e sobre os exemplos mais notórios de iniciativas implementadas para racionalizar o consumo no mundo. Por outro lado, no Enem, as questões tendem a abordar mais comumente o teor crítico sobre a questão, destacando as responsabilidades dos atores envolvidos e as situações de poluição e desperdício hídrico. Crises de significativa magnitude, como a que assolou a Grande São Paulo entre 2014 e 2015, têm elevada possibilidade de aparecer como temática. Outra dica refere-se à possibilidade de ser abordado com o tema polêmico projeto de transposição de águas do Rio São Francisco.

Exemplo comentado de questão

(Enem – 2012)

O uso da água aumenta de acordo com as necessidades da população no mundo. Porém, diferentemente do que se possa imaginar, o aumento do consumo de água superou em duas vezes o crescimento populacional durante o século XX.

TEIXEIRA, W. et al. *Decifrando a Terra*. São Paulo: Cia. Editora Nacional, 2009.

Uma estratégia socioespacial que pode contribuir para alterar a lógica de uso da água apresentada no texto é a

a. ampliação de sistemas de reutilização hídrica.

b. expansão da irrigação por aspersão das lavouras.

c. intensificação do controle do desmatamento de florestas.

d. adoção de técnicas tradicionais de produção.

e. criação de incentivos fiscais para o cultivo de produtos orgânicos

Comentários: Como já foi mencionado, as abordagens feitas pelo exame do Enem sobre o tema recursos hídricos tende a destacar mais os aspectos relacionados às responsabilidades e iniciativas para superação do problema. No caso dessa questão específica, o que está sendo criticado subliminarmente no texto apresentado como suporte é o consumo excessivo de água, ou seja, a forma como a humanidade lida com o problema. A resposta adequada será reconhecida se o estudante não se desviar do foco central da questão, já que os distratores apresentam alternativas inadequadas ou que não se enquadram como iniciativas que de fato impactariam na redução desse consumo. Alguns conhecimentos são exigidos de forma indireta, como o funcionamento da técnica de irrigação por aspersão e as características que envolvem a produção agrícola tradicional e de orgânicos. Esses aspectos dificultam a resolução da questão. No entanto, se o direcionamento temático for bem observado e a leitura for atenta, não se tratará de uma questão significativamente complexa.

Gabarito: A.

Justificativa: Como o comando da questão foca no problema da elevação da média de consumo mundial (já que a elevação do consumo de água representou o dobro do crescimento da população mundial no período), a alternativa **a** é a única que traz uma proposta eficaz de enfrentamento dessa situação, visto que a ampliação da oferta de água de reúso pode, de fato, aliviar o problema. A alternativa **b** está incorreta, pois o aumento do uso de água para irrigação é um dos principais responsáveis pela situação descrita no enunciado e a técnica da aspersão não é a mais eficaz para reduzir a quantidade de água empregada na irrigação. A alternativa **c** até traz um elemento que auxilia na preservação dos recursos hídricos globais, mas não tem impacto efetivo e direto na questão da elevação do consumo, que é o foco central da questão. As alternativas **d** e **e** estão incorretas, pois, apesar de representarem alternativas que, em geral, demandam menor quantidade de recursos hídricos do que a agricultura comercial de larga escala, as duas formas mencionadas, mesmo se fossem disseminadas em larga escala, produziriam efeitos de menor impacto na redução do consumo mundial do que os que seriam obtidos com a alternativa apresentada na letra **a**. Vale observar que o aumento da demanda por recursos hídricos está diretamente relacionado à cultura do consumismo, o que não se resolve apenas pela reestruturação de produção de alimentos.

▶ Outras questões para você praticar

1. (Enem – 2015)

Algumas regiões do Brasil passam por uma crise de água por causa da seca. Mas uma região de Minas Gerais está enfrentando a falta de água no campo tanto em tempo de chuva como na seca. As veredas estão secando no norte e no noroeste mineiro. Ano após ano, elas vêm perdendo a capacidade de ser a caixa-d'água do grande sertão de Minas.

VIEIRA, C. *Degradação do solo causa perda de fontes de água de famílias de MG*. Disponível em: <http://g1.globo.com>. Acesso em: 1º nov. 2014.

As veredas têm um papel fundamental no equilíbrio hidrológico dos cursos de água no ambiente do Cerrado, pois

a. colaboram para a formação de vegetação xerófila.
b. formam os leques aluviais nas planícies das bacias.
c. fornecem sumidouro para as águas de recarga da bacia.
d. contribuem para o aprofundamento dos talvegues à jusante.
e. constituem um sistema represador da água na chapada.

2. (UPM-SP – 2013)

Os aquíferos mais ameaçados do planeta

A revista *Nature* publicou um estudo preocupante sobre os aquíferos. Segundo o estudo, nós estamos explorando a água subterrânea em uma velocidade muito maior do que a capacidade desses aquíferos de se recuperarem.

Os números do estudo indicam que, para acompanhar o ritmo de exploração, os aquíferos precisariam ter área três vezes maior.

O estudo estima que, atualmente, pelo menos 1,7 bilhão de pessoas depende de aquíferos e águas subterrâneas que estão ameaçados.

Bruno Calixto. Disponível em: <http://colunas.revistaepoca.globo.com/planeta/2012/08/12/os-aquiferos-mais-ameacados-do-planeta>. Acesso em: 1º set. 2012. (Texto adaptado).

I. A "Pegada Hídrica" de um país representa o volume total de água utilizado globalmente para produzir os bens e serviços consumidos pelos seus habitantes.

II. Entre as áreas que apresentam altos índices de escassez hídrica, estão: Oriente Médio, Índia e África. No Oriente Médio, o volume de água utilizado em irrigação no deserto triplicou, e os aquíferos da região podem se esgotar em menos de 50 anos.

III. O Brasil e a Rússia representam áreas do planeta com baixa pressão hídrica.

Tendo por base o tema central do texto e seus conhecimentos, analise as afirmações acima.

Assinale a alternativa correta.

a. Apenas I está correta.
b. Apenas II está correta.
c. Apenas III está correta.
d. Apenas I e II estão corretas.
e. I, II e III estão corretas.

3. (PUC-SP – 2012) Observe o gráfico:

Fonte: Le Monde Diplomatique Brasil. *Atlas do Meio Ambiente*. São Paulo: Instituto Pólis, 2008. p. 81

Considerando as cidades mencionadas, o gráfico permite concluir que

a. a água é mais barata nas três cidades localizadas em países mais desenvolvidos porque elas situam-se em áreas de menor escassez hídrica.
b. há grandes diferenças do custo da água para as populações comparando-se o fornecedor público com o privado, devido à natureza distinta de objetivos dos dois setores.
c. nas cidades mais ricas, a água custa menos porque ela provém de sistemas de abastecimento cuja estrutura e administração não exigem muitos recursos financeiros.
d. nas cidades mais pobres, a inexistência de sistemas coletivos públicos obriga o consumo de água de empresas privadas, que, apesar de mais caro, ao menos oferece qualidade melhor.
e. nas cidades mais pobres, a privatização dos serviços públicos encareceu o preço da água assim como de outros serviços essenciais, algo que não aconteceu nas cidades mais ricas.

4. (Fuvest-SP – 2013) Observe o mapa.

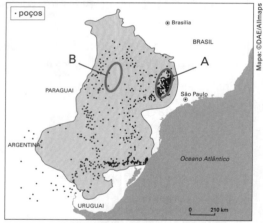

Ministério do meio ambiente. 2013. Adaptado.

Considere as afirmações sobre o Sistema Aquífero Guarani.
I. Trata-se de um corpo hídrico subterrâneo e transfronteiriço que abrange parte da Argentina, do Brasil, do Paraguai e do Uruguai.
II. Representa o mais importante aquífero da porção meridional do continente sul-americano e está associado às rochas cristalinas do Pré-Cambriano.
III. A grande incidência de poços que se observa na região **A** é explicada por sua menor profundidade e intensa atividade econômica nessa região.
IV. A baixa incidência de poços na região indicada pela letra **B** deve-se à existência, aí, de uma área de cerrado com predomínio de planaltos.

Está correto o que se afirma em:

a. I, II e III, apenas.
b. I e III, apenas.
c. II, III e IV, apenas.
d. II e IV, apenas.
e. I, II, III e IV.

5. (UPM-SP – 2011)

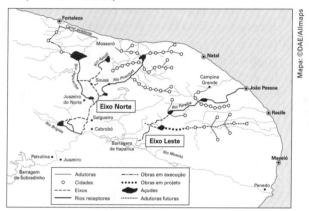

Considerando o mapa, é correto afirmar que se trata

a. das áreas beneficiadas pelo PAC, projeto do governo federal que busca construir diversas pequenas hidrelétricas, a fim de promover a infraestrutura industrial necessária à região.
b. dos projetos do IBGE para a abertura de poços artesianos, objetivando atender às áreas do Sertão seco.
c. dos projetos desenvolvidos pela Sudene desde a década de 1970, visando a irrigar as áreas da Zona da Mata Nordestina.
d. das sub-regiões Eixo Norte e Eixo Sul, onde há um reordenamento energético, visando à crescente infraestrutura industrial local.
e. da polêmica Transposição do Rio São Francisco, projeto iniciado em 2007, que prevê a construção de 720 quilômetros de canais para abastecer as áreas mais castigadas pela seca.

TEMA 15
TRANSPORTES E COMÉRCIO

O porto de Xangai, na China, encabeçava a lista dos mais movimentados do mundo. Foto de 2015.

A globalização exige interconexões muito eficientes entre os modais de transporte do mundo todo, por onde circulam os fluxos do comércio mundial. De que forma os países têm se adaptado a essa necessidade? Além da China, quais são os espaços que têm se mostrado mais estratégicos? Quem atua com maior vantagem nesse cenário? E o Brasil, como se insere nele?

A Geografia sempre esteve atenta aos fluxos que permitem conexões entre espaços distintos. Apesar de, na atualidade, haver uma gama expressiva de fluxos imateriais (circulação financeira e informacional), já tratada no capítulo que abordou a globalização, o estudo dos fluxos materiais, especialmente aqueles que se destinam ao transporte de cargas e pessoas, viabilizando o comércio entre os povos, viagens e rotas migratórias, é fundamental. Afinal, as relações entre países e sociedades, mesmo num mundo tão marcado pela evolução dos meios de comunicação, ainda dependem diretamente da existência de uma rede complexa, eficaz e muito bem interligada de modais de transporte. Nesse sentido, a interpretação da distribuição das ferrovias, hidrovias, rodovias, portos e aeroportos só é possível com base em uma análise ampla e profunda, que considere desde os aspectos históricos até a territorialidade dos recursos naturais, sem jamais ignorar as relações de poder exercidas ao longo do tempo. O comércio mundial também reflete essas mesmas categorias de análise e seu estudo compõe um elemento muito importante da Geografia Econômica. É primordial que se identifiquem os principais atores globais e a inserção do Brasil nessa rede, que se comporta sempre de forma extremamente dinâmica, influenciada pelas oscilações do mercado e pela incorporação de novas tecnologias e demandas.

Principais conteúdos relacionados

Capítulo 21	A fome e o mercado global de alimentos
Capítulo 24	Capital, Estado e atividade industrial no Brasil
Capítulo 32	Capitalismo, espaço geográfico e globalização
Capítulo 33	O comércio mundial e os blocos econômicos
Capítulo 34	Os fluxos da rede global de negócios

▶ Como esse tema costuma aparecer no Enem e nos principais vestibulares?

Questões sobre características específicas dos diferentes tipos de transporte são menos comuns do que aquelas que exploram a compreensão das interconexões existentes e a distribuição dos pontos mais estratégicos na rede mundial. Comumente, as abordagens ocorrem na perspectiva da compreensão de aspectos amplos da Geografia Econômica e do papel desempenhado por cada local, região ou país. Podem, no entanto, surgir questões que tratam das transformações desencadeadas pela incorporação de novas tecnologias ao mundo dos transportes. Nesse caso, o vínculo pode ser maior com a evolução técnica que caracteriza o mundo globalizado e o predomínio do MTCI. No que se refere ao comércio mundial, é preciso ter informação sobre temas como a balança comercial, especialmente a do Brasil, identificando como são as relações do país com seus principais parceiros comerciais; a geografia dos fluxos materiais mais importantes da atualidade (destacando os locais mais estratégicos, como a China, os Estados Unidos e a União Europeia); e o debate político que envolve a regulamentação internacional dessa atividade. Nesse sentido, a compreensão crítica das políticas protecionistas e dos impactos que produzem, que afetam especialmente os países mais pobres (como no mercado mundial de alimentos), e são alvo de fervorosos debates da Organização Mundial do Comércio (OMC), também costuma ser bastante explorada nas provas de Enem e nos vestibulares em geral. Vale ainda, como última dica, estar atento ao fenômeno recente de ampliação da rede interligada de transportes na América do Sul.

Exemplo comentado de questão

(Enem – 2012)

A soma do tempo gasto por todos os navios de carga na espera para atracar no porto de Santos é igual a 11 anos – isso, contando somente o intervalo de janeiro a outubro de 2011. O problema não foi registrado somente neste ano. Desde 2006 a perda de tempo supera uma década.

Folha de S. Paulo, 25 dez. 2011 (adaptado).

A situação descrita gera consequências em cadeia, tanto para a produção quanto para o transporte. No que se refere à territorialização da produção no Brasil contemporâneo, uma dessas consequências é a

a. realocação das exportações para o modal aéreo em função da rapidez.

b. dispersão dos serviços financeiros em função da busca de novos pontos de importação.

c. redução da exportação de gêneros agrícolas em função da dificuldade para o escoamento.

d. priorização do comércio com países vizinhos em função da existência de fronteiras terrestres.

e. estagnação da indústria de alta tecnologia em função da concentração de investimentos na infraestrutura de circulação

Comentário: A boa qualidade dos distratores torna a questão difícil. O texto apresentado como suporte pode confundir, pois, apesar de destacar o importante papel do porto de Santos no transporte de cargas no Brasil e mencionar a dificuldade enfrentada pelos navios cargueiros que precisam atracar, não deixa explícito se o maior fluxo que passa por ali se refere às exportações ou importações. Esse conhecimento é cobrado. Exige-se, de forma implícita, que se reconheça não apenas quais são as principais opções de transportes utilizadas para o comércio internacional no Brasil, mas também se identifique em problemas e limitações de diferentes modos (no caso da questão, os distratores tratam de transportes terrestres e aéreos). São necessárias, ainda, informações sobre a balança comercial brasileira, uma vez que um dos distratores apresenta uma preocupação especial com o mercado sul-americano. Ou seja: vários aspectos da Geografia Econômica são incorporados e exigidos para a resolução da questão.

Gabarito: C.

Justificativa: Embora obviamente também tenha importância nas importações, o porto de Santos é o principal canal de escoamento de nossos principais produtos de exportação: os de gênero agrícola. Está correta, portanto, a alternativa **c**. A alternativa **a** está incorreta, inicialmente porque o comando da questão demanda uma consequência do problema, e não uma alternativa a ele. Além disso, o modal aéreo é muito caro para o transporte de grãos, que, no mercado internacional, ocorre principalmente por via marítima. A alternativa **b** está incorreta, pois o Brasil não dispõe de uma ampla rede de portos modernos capaz de produzir o efeito mencionado no distrator. Além disso, mais do que as importações, como tratado, o problema principal são as exportações de produtos agrícolas. A alternativa **d** está incorreta, pois mais uma vez sugere uma proposta de solução em vez de apontar uma consequência, conforme demandado. Além disso, os países vizinhos da América do Sul não constituem o principal mercado consumidor para as exportações agrícolas brasileiras. E, por fim, a alternativa **e** está incorreta, pois a situação descrita, mesmo que ocorresse – o que não é o caso, pois a produção de alta tecnologia brasileira ainda é bastante modesta –, beneficiaria toda a cadeia produtiva, não constituindo, portanto, um problema, como sugerido.

▶ Outras questões para você praticar

1. (Enem – 2014)

A Estrada de Ferro Noroeste do Brasil, que começa a ser construída apenas em 1905, foi criada, ao contrário das outras grandes ferrovias paulistas, para ser uma ferrovia de penetração, buscando novas áreas para a agricultura e povoamento. Até 1890, o café era quem ditava o traçado das ferrovias, que eram vistas apenas como auxiliadoras da produção cafeeira.

CARVALHO, D. F. *Café, ferrovias e crescimento populacional*: o florescimento da região noroeste paulista. Disponível em: <www.historica.arquivoestado.sp.gov.br>. Acesso em: 2 ago. 2012.

Essa nova orientação dada à expansão ferroviária, durante a Primeira República, tinha como objetivo a

a. articulação de polos produtores para exportação.
b. criação de infraestrutura para atividade industrial.
c. integração de pequenas propriedades policultoras.
d. valorização de regiões de baixa densidade demográfica.
e. promoção de fluxos migratórios do campo para a cidade.

2. (UEMG – 2010)

De volta aos trilhos

Os chineses repetem hoje os maciços investimentos que os Estados Unidos e países europeus fizeram em ferrovias no século XIX e dos quais até hoje se beneficiam. Mostram, com isso, que ter perdido o trem no passado não implica ficar acomodado no atraso – uma lição para a qual o Brasil deve prestar atenção, considerando que as ferrovias, ainda, são a principal solução para o deslocamento em massa de cargas e de pessoas em países de grande dimensão.

A ilustração, a seguir, mostra a distribuição da malha ferroviária em alguns países.

Brasil

China

Estados Unidos

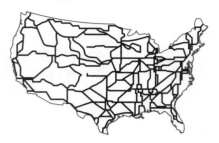

Rússia

Revista *Exame* – 05/03/2009

Com base nas informações obtidas no texto e nos desenhos, acima, só é correto afirmar que:

a. as ferrovias representam uma das mais eficientes opções de transporte de carga, em países com dimensões continentais.

b. a metade da malha ferroviária russa está concentrada na porção oriental do país, nas áreas de maior movimentação de cargas.

c. o uso das ferrovias nos diversos países ajuda a descongestionar as principais rodovias, liberando espaço para o transporte de passageiros e de cargas mais pesadas.

d. a utilização das ferrovias promove distúrbios ambientais atmosféricos, pois os trens consomem menos combustível que os caminhões.

3. (UFJF-MG – 2009) Leia o fragmento de texto a seguir.

A Hidrovia Tietê-Paraná compreende uma via de navegação que liga a região sul, sudeste e centro-oeste do país. Nessa hidrovia ocorre o transporte de cargas e pessoas, esse fluxo é desenvolvido ao longo dos rios Paraná e Tietê. Nos locais que apresentam desníveis foram construídas represas para nivelar as águas. Essa hidrovia é de extrema importância para o escoamento de grãos dos Estados de Mato Grosso, Mato Grosso do Sul, Goiás e parte de Rondônia, Tocantins e Minas Gerais.

Fonte: <http://www.brasilescola.com/brasil/hidrovia-tieteparana.htm>. Acesso em: 15 jan. 2009.

A hidrovia Tietê-Paraná escoa mercadorias, produtos agrícolas e pessoas até os países vizinhos do Brasil. Portanto, essa hidrovia integra os países:

a. da Alca.
b. da Apasul.
c. do Mercosul.
d. do Nafta.
c. do Unisul.

4. (UEA-AM – 2014)

Um informe publicado ontem pela Organização Mundial do Comércio (OMC) com avaliações de especialistas de todo o mundo alerta que as barreiras comerciais chinesas e a falta de uma política exportadora no Brasil colocaram o País em poucos anos "no degrau mais baixo" na cadeia de fornecimento de bens para a economia chinesa. De um lado, o Brasil se transformou em fornecedor de produtos sem qualquer valor agregado, enquanto passou a importar um volume cada vez maior de bens tecnológicos da China. O caso da soja é um exemplo. 95% das vendas brasileiras do produto para a China embarcaram sem qualquer tipo de processamento. As exportações de óleo de soja e de farinha não ocorreram. Isso por conta da estratégia da China de desenvolver sua própria indústria da soja, impondo tarifas de importação aos produtos de maior valor agregado na cadeia da soja.

O Estado de S.Paulo, 10.07.2013. Adaptado.

O cenário do comércio bilateral apontado pelo texto reforça:

a. a dependência brasileira na exportação de *commodities* e o protecionismo do governo chinês em seu setor industrial.

b. o projeto brasileiro de exportação para países não americanos e a inexperiência chinesa nas trocas globais.

c. a deficiência da política de relações exteriores brasileira e a recusa chinesa em realizar comércio com o Brasil.

d. a proposta brasileira de não ser um país agroexportador de *commodities* e o avanço no diálogo com o governo chinês nas questões de comércio.

e. o sucesso brasileiro em dar vazão à sua produção de *commodities* e a política de desenvolvimento agrícola na China.

Gabarito

TEMA I – EPISTEMOLOGIA – A CIÊNCIA GEOGRÁFICA

1. C

2. D

3. D

4. E

5. C

6. a. Paisagem = é o domínio do visível, daquilo que é captado e percebido pela nossa visão ou memória. A relação do observador com o espaço visto ou recordado, é marcada por um caráter simbólico e subjetivo. A sucessão de produções espaciais torna a paisagem dinâmica e mutável ao longo do tempo.

b. Espaço geográfico = envolve tanto o substrato físico e todos os sistemas de objetos nele implementados, como os sistemas de ações e práticas sociais que nele produzem alterações. É, portanto, o espaço transformado pela ação humana. No texto apresentado, o diferencial fundamental entre os momentos pré e pós explosão está exatamente na presença ou não da vida capaz de transformar a paisagem e produzir o espaço.

c. Contempla o período no qual as sociedades humanas marcaram sua presença na história da Terra e espelha as transformações culturais por elas realizadas ao longo do tempo. Tende a ser investigado observando-se diferentes periodizações (anos, séculos, idades, períodos etc.), como a sucessão das etapas e a ocorrência de simultaneidades.

d. Refere-se aos períodos muito mais longos do que o tempo histórico, medidos em milhões de anos, que revelam as transformações ocorridas no planeta Terra. As etapas de sucessão são recortes igualmente bem mais longos de tempo: eras, idades e períodos geológicos.

7. As transformações observadas poderiam ser:

I. o desflorestamento dos morros e redução expressiva de áreas verdes.

II. a ocupação humana através da construção de edificações tanto na área da planície costeira, de forma mais regular, como nas encostas dos morros, de modo menos organizado (favelização).

III. o aproveitamento da localização litorânea para a instalação de estruturas portuárias e de transporte e armazenamento de cargas, além de faróis de sinalização.

IV. a reorganização do solo para atividades econômicas, certamente contribuindo para impactos como erosão e poluição hídrica.

TEMA II – ORIENTAÇÃO E CARTOGRAFIA

1. D

2. D

3. C

4. D

5. C

TEMA III – DINÂMICAS TERRESTRES – BIOSFERA E ATMOSFERA

1. D

2. B

3. C

4. B

5. A

6. a. Latitude, observando-se que as porções ao sul do continente encontram-se em latitudes mais elevadas sob forte influência das massas polares antárticas, especialmente durante o inverno; e altitude, observando-se que nas elevadas altitudes da Cordilheira dos Andes, na margem ocidental do continente, também registram-se temperaturas muito baixas.

b. A ocorrência de neve está associada a temperaturas baixas, próximas ou inferiores a 0 °C, e elevada umidade do ar. Tais condições produzem a cristalização da precipitação por congelamento, formando flocos de neve.

7. a. Os desertos são ambientes marcados pela baixa capacidade de absorção de energia solar, devido à redução da umidade do ar pela escassez de águas superficiais e áreas verdes. Assim, a maior parte da energia recebida através da insolação durante o dia é perdida durante a noite, o que provoca uma acentuada queda na temperatura, elevando as amplitudes térmicas diárias.

b. Em ambientes desérticos, há o predomínio da decomposição física sobre a decomposição química das rochas (devido à baixa pluviosidade).

Associada à escassez de matéria orgânica, isso faz com que os solos tendam a se tornar arenosos e pedregosos, prejudicando a formação de húmus e, consequentemente, o uso agrícola.

TEMA IV – DINÂMICAS TERRESTRES – HIDROSFERA E LITOSFERA

1. E

2. D

3. D

4. B

5. E

TEMA V – URBANIZAÇÃO

1. E

2. D

3. A

4. B

5. A

6. a. A formação de megacidades nos países menos desenvolvidos pode estar associada à ação combinada ou não de diversos fatores, devendo ser interpretada caso a caso. No entanto, alguns fatores se destacam entre os mais importantes na maioria dos casos: elevada concentração fundiária produzindo continuidade de fluxos de êxodo rural; a falta de maior equilíbrio na distribuição igualitária de empregos e serviços ao longo de todo o território, fazendo com que haja uma dependência em relação às megacidades, comumente associadas a essa oferta; deficiências infraestruturais ou vulnerabilidade socioambiental em outras localidades do território nacional; imaginário social que culturalmente tende a supervalorizar as grandes cidades.

b. Há uma quantidade expressiva de problemas urbanos que poderiam ser associados para essa resposta. Entre os mais relevantes, que poderiam ser citados, estão: a favelização e proliferação de ocupações irregulares, inclusive em áreas de risco; a precariedade das infraestruturas urbanas (serviços de água, eletricidade, saneamento, transporte público etc.); o crescimento caótico e sem planejamento da malha urbana, prejudicando a mobilidade; segregação socioespacial; aumento da violência; poluição hídrica e acúmulo de lixo.

7. Um dos problemas sociais de grandes cidades como o Rio de Janeiro é a segregação espacial, que comumente tende a afastar a população de baixa renda de seus locais de trabalho, dificultando ou até inviabilizando a empregabilidade, já que a distância, o custo e a precariedade do sistema de transporte público prejudicam esses trabalhadores. Para viabilizar o trabalho, uma das alternativas dessas pessoas é morar em áreas favelizadas situadas mais próximas de seus locais de trabalho, valorizando os espaços disponíveis e provocando a verticalização das favelas.

TEMA VI – CONTRASTES SOCIAIS

1. C

2. D

3. B

4. D

TEMA VII – DEMOGRAFIA

1. E

2. A

3. E

4. C

5. A

TEMA VIII – GEOGRAFIA AGRÁRIA

1. B

2. A

3. B

4. C

5. A

6. a. No período destacado pelos mapas, houve expressiva expansão da pecuária bovina especialmente na Amazônia, além de outros incrementos também em outras partes da região Centro-Oeste e no sul da Bahia. Entre os fatores que justificam essa dinâmica, estão desde o aumento do consumo de carne no mercado interno como a expansão dos mercados consumidores externos, cuja demanda transformou o Brasil no maior exportador mundial. No caso da Amazônia, essa expansão também está diretamente relacionada à associação entre a atividade pecuarista e a madeireira em áreas de desmatamento, o que reduz o investimento em terras para os empresários do setor.

b. Vários impactos podem ser mencionados, destacando-se o desmatamento e degradação dos biomas do Cerrado e especialmente da Amazônia, região na qual a pecuária tornou-se o principal impulsionador do desmatamento. A pecuária extensiva também está diretamente relacionada à compactação e perda de fertilidade dos solos, ao assoreamento de rios e à elevação da emissão de gases de efeito estufa.

TEMA IX – GEOGRAFIA AMBIENTAL

1. A

2. E

3. 01 + 08 = 09

4. E

5. 01 + 08 + 32 = 41

TEMA X – GEOGRAFIA ECONÔMICA E MUNDO DO TRABALHO

1. D

2. D

3. E

4. D

5. E

TEMA XI – GEOPOLÍTICA

1. D

2. E

3. C

4. A

5. D

6. a. Quem mais tem investido na África desde o início do século XXI tem sido a China. Outros emergentes, especialmente do grupo BRICS, incluindo o Brasil, também se destacam.

b. Setores como infraestrutura, extração de minérios e até agropecuária têm recebido expressivos investimentos estrangeiros. A China, particularmente, revela interesse especial em petróleo, além de outros minerais e terras agriculturáveis.

TEMA XII – GLOBALIZAÇÃO

1. A

2. A

3. A

4. D

5. D

TEMA XIII – MOVIMENTOS MIGRATÓRIOS

1. a. O Muro de Berlim é o mais célebre fruto do contexto histórico da Guerra Fria, simbolizando a bipolarização mundial imposta pelas duas superpotências da época: EUA (líder do bloco capitalista) e URSS (líder do bloco socialista). Com a divisão da Alemanha em dois países – Ocidental (capitalista) e Oriental (socialista)–, a cidade de Berlim situava-se em território da Alemanha Oriental. No entanto, uma parte da cidade manteve-se capitalista, sob controle ocidental. Construído em 1961 pelos socialistas, ele buscava isolar essa porção capitalista da cidade de Berlim, impedindo que cidadãos residentes na Alemanha Oriental pudessem ter contato com essa parte da cidade ou a utilizassem como forma de fuga do bloco socialista.

b. Vários aspectos podem ser apontados na resposta:

– milhares de mexicanos e outros latinos tentam cruzar a fronteira mencionada, atraídos pelo imaginário de que terão melhores condições de vida e oportunidades de trabalho em território estadunidense.

– a presença das "Maquiladoras" – fábricas estadunidenses que exploram mão de obra barata mexicana – na região, agrava as tensões socioeconômicas locais.

– a legislação de imigração nos EUA vem sendo objeto de controvérsias nos últimos anos, contrapondo quem defende maior rigor no controle de fronteiras e os que buscam maior flexibilização para a regularização dos milhões de imigrantes ilegais que já habitam em território estadunidense.

– em alguns trechos da fronteira já existem muros separando os dois países, similares ao célebre "Muro de Berlim". Em 2016, a ampliação desses muros, defendida pelo candidato do Partido Republicano Donald Trump, foi objeto de grande controvérsia na campanha eleitoral estadunidense.

– No lado estadunidense operam diversas milícias particulares que atuam com reconhecida violência no combate à imigração ilegal, representando um desafio institucional para a polícia de fronteira dos EUA e a classe política local.

- A região fronteiriça também é fortemente territorializada por redes de tráfico de drogas, de armas e de pessoas. Comumente as disputas por poder entre tais redes conferem altíssimo grau de tensão e violência a esses locais.
- Prolifera nas regiões estadunidenses próximas à fronteira o discurso xenófobo, que critica a crescente expansão da cultura latina (trazida pelos imigrantes) na região.

2. a. Oficialmente, o principal interesse objetivava fortalecer a consolidação do domínio territorial brasileiro numa região historicamente marcada por litígios com as nações vizinhas. Extra-oficialmente, a preferência pela vinda de europeus se justifica pela intenção de "branquear" a população brasileira, que contava com forte presença de afrodescendentes devido à escravidão.

b. Priorizou-se a concessão de pequenas propriedades, para que os imigrantes pudessem reproduzir, em solo brasileiro, práticas similares de agricultura às que estavam habituados em seus países de origem. Dessa forma, nessa etapa da colonização brasileira foram estabelecidas as bases para uma agricultura de características familiares, voltada para a subsistência e para o mercado interno, em pequenos lotes rurais. Esses traços marcaram expressivamente os espaços rurais do sul do Brasil e ainda se fazem presentes em alguns casos.

3. C

4. A

5. A

6. B

7. B

TEMA XIV – RECURSOS HÍDRICOS

1. E

2. E

3. B

4. B

5. E

TEMA XV – TRANSPORTE E COMÉRCIO

1. D

2. A

3. C

4. A